Q&A
小中一貫教育

改正学校教育法に基づく
取組のポイント

文部科学省小中一貫教育制度研究会［編著］

ぎょうせい

はじめに

「学校教育法等の一部を改正する法律（平成27年法律第46号）」が、平成27年６月24日に公布され、本年４月１日から施行されました。本書はこの改正法及び改正法に基づく政省令等の内容をわかりやすく解説しようとするものです。

これまで、義務教育は、小学校・中学校という学校段階間の区切りを設けて行われています。これは、一定の年齢層の子供を同一の方式で教育するという意義があり、教育の機会均等に大きな役割を担い、広く定着しています。

他方で、平成18年の教育基本法の改正により義務教育の目的が、平成19年の学校教育法改正により義務教育の目標が、いずれも９年間を通した形で新たに規定されたほか、①小学校への英語教育の導入や中学校の授業時間数の増加など、教育内容や学習活動の量的・質的充実、②児童生徒の発達の早期化、③いじめの認知件数、不登校、暴力行為の加害児童生徒数が中学校１年生になったときに大幅に増える、いわゆる「中１ギャップ」の現象、④地域コミュニティの衰退や三世代同居の減少による異年齢交流の縮小等、学校、家庭、地域における子供の社会性育成機能の低下など、児童生徒をめぐる状況の変化や課題について議論がなされてきました。

そして、こうした教育課題に対応する観点から、多くの学校設置者において小中一貫教育への取組が行われるようになってきており、その様々な効果等についても報告されるようになってきていました。

こうした社会的状況を背景として、内閣に置かれた教育再生実行会議は、平成26年７月の第五次提言「今後の学制等の在り方について」において、子供の発達に応じた教育の充実、様々な挑戦を可能にする制度の柔軟化など、新しい時代にふさわしい学制を構築するため、小中一貫教育を制度化するなど学校段階間の連携、一貫教育を推進することを提言しました。

この提言を受けて、平成26年７月、文部科学大臣は中央教育審議会に諮問を行いました。同審議会は精力的な審議を行い、平成26年12月に「子供の発達や学習者の意欲・能力等に応じた柔軟かつ効果的な教育システムの構築について（答申）」をとりまとめました。同答申では、小中一貫教育の制度化の意義、制度設計の基本的方向性、総合的推進方策等について、提言されました。

そして、この答申を踏まえて、政府（文部科学省）で改正法案を作成、国会に提出し、改正法案は、国会における審議を経て、平成27年６月17日に可決、成立をみました。

本書の各項目で解説される内容の多くは、この国会審議の中で論点となったものや、その後全国で開催された改正法説明会で取り上げられたものをまとめたものです。

今回の改正は、学校教育制度の多様化及び弾力化を推進するため、地域の実情や児童生徒の実態など様々な要素を総合的に勘案して、設置者が主体的に小中一貫教育を実施できるよう、小学校と中学校に加えて、制度的選択肢を増やしたものです。

このため、一人の校長の下、一つの教職員集団が９年間一貫した教育を行う新たな学校種（義務教育学校）が制度化されるとともに、互いに独立した小学校・中学校が義務教育学校に準じた形で一貫した教育を施す方式も併せて制度化されました。

この制度の趣旨を十全に活かすことができるかどうかは、その運用に当たる当事者の双肩にかかっています。全国の地方公共団体の首長及び教育委員会、学校法人、学校の関係者の皆さんにとって、本書が、今回の改正を契機として、未来を担う子供たちのため、義務教育学校の設置をはじめ、小学校段階と中学校段階を一貫させた教育活動のあり方やその充実に向けた検討に当たっての一助になれば幸いです。

平成28年10月

文部科学省文部科学審議官
（前初等中等教育局長）
小松　親次郎

目　次

Ⅲ　義務教育学校の教職員

Ⅳ　義務教育学校の施設

V　併設型小学校・中学校及び連携型小学校・中学校

Ⅵ　教育課程の特例

Ⅶ　小中一貫教育の導入

Ⅷ　その他

Ⅸ　参考資料

Ⅰ　小中一貫教育の現状と小中一貫教育の制度化

Q 1

小中一貫教育とはどのようなものですか。また、小中連携教育との違いは具体的にどのようなものですか。

A

1．小中連携教育とは、小学校及び中学校が互いに情報交換や交流を行うことを通じて、小学校教育から中学校教育への円滑な接続を目指す様々な教育をいいます。

2．他方、小中一貫教育とは、小中連携教育のうち、小学校及び中学校が目指す子供像を共有し、9年間を通じた教育課程を編成し、系統的な教育を目指す教育をいいます。

3．具体的には、合同行事などの単なる小学校と中学校の交流活動に留まらず、9年間をひとまとまりと捉えた学校目標を設定すること、9年間の系統性を整理した小中一貫カリキュラムを作成すること、9年間を見通した学習・生活規律を設定することなどが求められます。

4．なお、今回制度化された「中学校連携型小学校・小学校連携型中学校」は、法令上の名称としては「連携」という用語になっていますが、あくまで小中一貫教育を行う学校の一類型であり、設置者が異なる学校の間で小中一貫教育を行う類型として制度化されたものです。

Q 2

小中一貫教育の先行事例からはどのような成果が報告されているのですか。

A

1．小中一貫教育の制度化以前に運用上の工夫によって、何らかの形で小中一貫教育に取り組んでいる自治体は平成26年５月時点で、211市区町村、取組件数は1,130件となっていました。

※総件数1,130件の内訳（平成26年５月１日現在）

・小学校：2,284校／児童数：915,542人

・中学校：1,140校／生徒数：424,067人

2．これらの学校では、

① 多様な異学年交流の拡充による自己肯定感の高まり

② 地域の実情を踏まえた９年をひとまとまりとした取組の充実（例:ふるさと科等の新教科、地域人材を活かしたキャリア教育、９年間を見通した学習規律の設定など）

③ いわゆる「中１ギャップ」の緩和

など大きな成果が見られていました。

〔参考〕小中一貫教育の主な成果

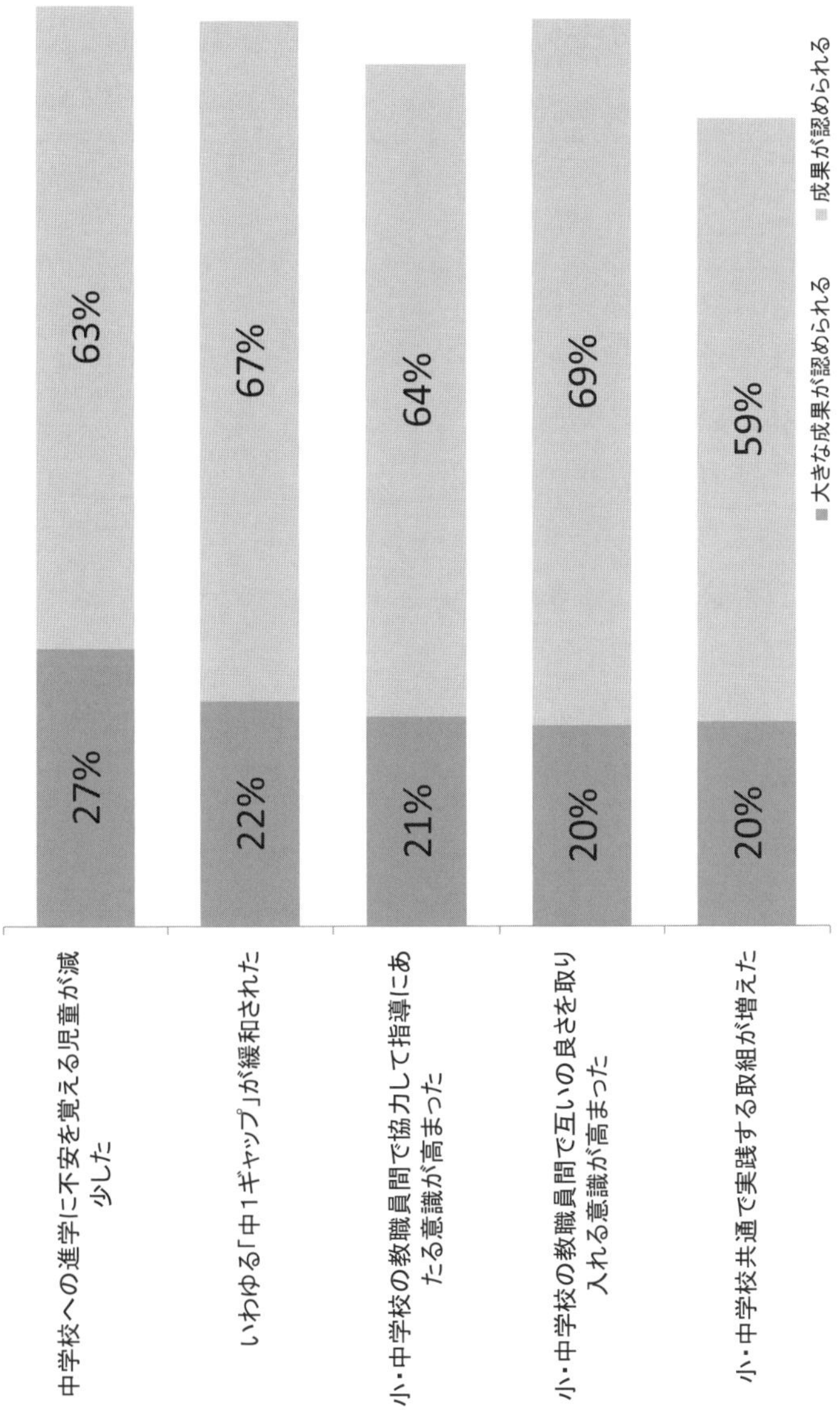

N=1130（小中一貫教育実施件数）

出典：文部科学省「小中一貫教育等についての実態調査（平成26年5月時点）」

Q 3　小中一貫教育の先行事例からはどのような課題が報告されているのですか。

A

1．小中一貫教育の制度化以前に運用上の工夫によって、地域の実情を踏まえて、小学校・中学校段階を一貫した教育を実施している自治体においては、例えば、

・児童生徒の人間関係の固定化

・小学校高学年のリーダー性・主体性の育成

・教職員の負担感・多忙感

などの課題が指摘されていました。

2．一方、こうした課題への効果的な対応策も蓄積されてきており、児童生徒への指導面の工夫として、

①　人間関係の固定化の課題については、多様な形態での異学年交流の計画的な実施や、複数の教職員による多面的な評価を行う体制の構築

②　小学校高学年でのリーダー性の育成の課題については、小学校４年次（10歳）の２分の１成人式など成長の節目を意識させる儀式的行事の開催や、「４－３－２」など、「６－３」とは異なる区切りによって、それぞれの学年集団の中での最高学年としての自覚を促す取組の実施

などの工夫により、課題の解消が図られると考えられています。

3．また、教員の負担感･多忙感の解消については、制度化により、

①　これまで小学校・中学校が別々に行っていた事務を、一人の校長の下で教職員が一体的に行えること

②　総括担当の副校長・教頭が配置されること

③　学校事務職員等の定数が複数配置になること

などの取組を通じて校務の効率化が期待できると考えられています。

〔参考〕小中一貫教育の主な課題

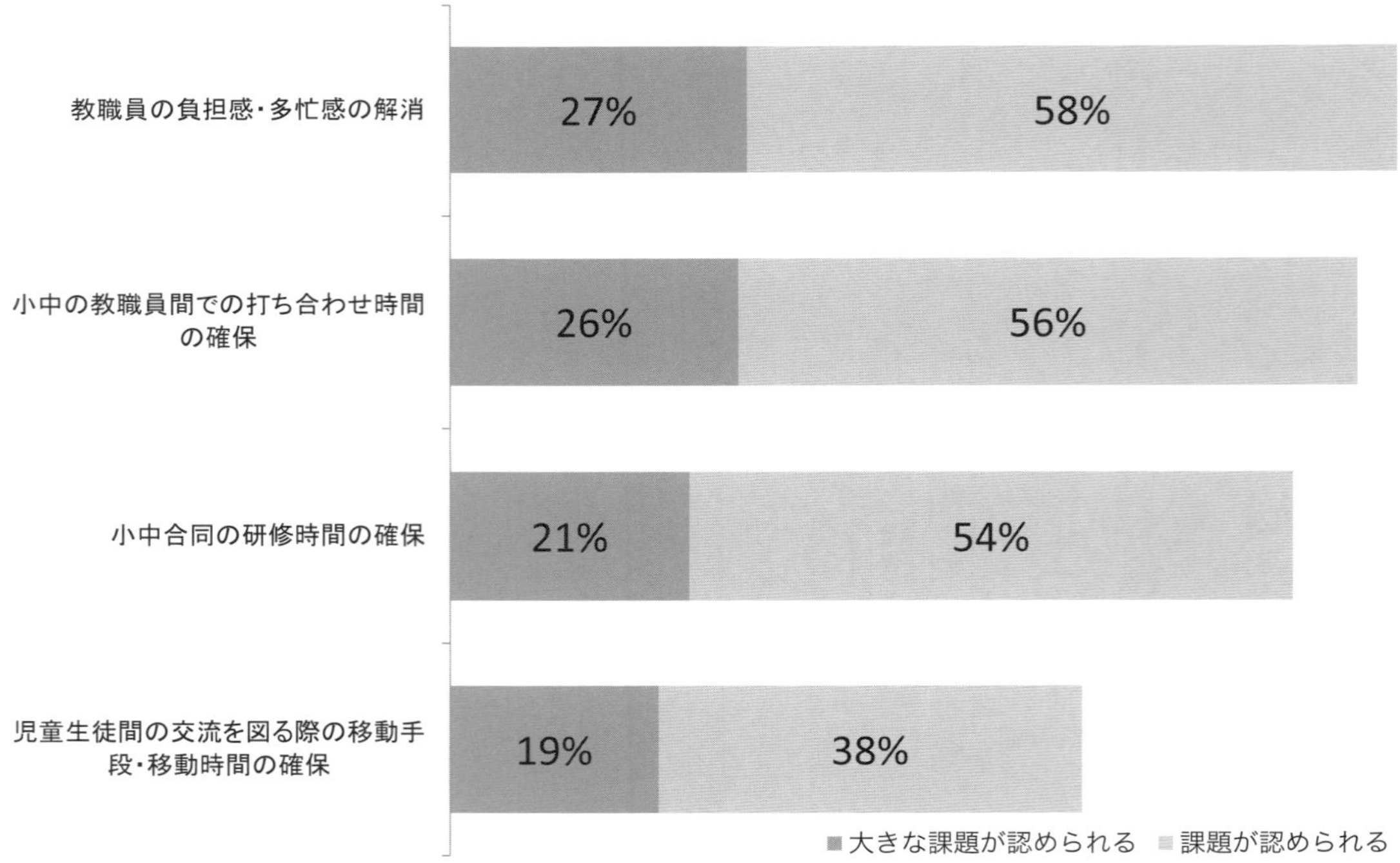

N=1130（小中一貫教育実施件数）

出典：文部科学省「小中一貫教育等についての実態調査（平成26年５月時点）」

Q 4　小中一貫教育を導入する学習指導上のメリットは何ですか。

A

1．これまで小中一貫教育の取組を行ってきた自治体においては、例えば、

①　全国学力・学習状況調査等の学力調査の結果の向上

②　児童生徒の学習意欲の向上

③　小学校・中学校の教職員間で互いの良さを取り入れる意識の向上

④　指導内容の系統性についての教職員の理解の向上

などの成果が報告されています。

2．また、小中一貫教育を行う学校においては、中学校教員による乗り入れ指導を行う中で多様な情報を集約したり、小学校・中学校段階の教職員が合同で研修を行ったりするなどの取組が容易になると考えられます。

3．小学校段階の教職員と中学校段階の双方の教員が協力して指導に取り組むことを通じて、例えば、

①　中学校の専門性を活かした指導を取り入れることにより、小学校段階での発展的な指導が充実する。習熟度別指導の中で発展的な内容を取り扱うグループを中学校教師が担当することで個に応じた指導が充実する

②　小学校でのきめ細かな指導技術を取り入れることにより、中学校段階の授業がより分かりやすくなったり、補充的な指導が充実したりする

③　中学校の教員が教科の専門性を活かして小学校の「総合的な

学習の時間」に参画することにより、授業の質が高まるとともに、教科担任制の下でやや取組が弱いとも指摘される中学校段階での「総合的な学習の時間」の充実につながる

④　小学校の指導と中学校の指導の両方の経験を有する教員が増えていくことにより、教科等の系統性に対する理解が深まる。また、児童生徒が学習でつまずきやすいところを経験的に学ぶことができ、９年間を見通した教科指導が充実する

といったことが期待できます。

Q 5 小中一貫教育を導入する生徒指導上のメリットは何ですか。

A

1．これまで小中一貫教育の取組を行ってきた自治体においては、例えば、

① いじめや不登校、暴力行為の減少

② 児童生徒の規範意識の向上

③ 小学校・中学校の教職員間で協力して指導にあたる意識の向上

などの成果が報告されています。

2．また、小中一貫教育を行う学校においては、中学校教員による乗り入れ指導を行う中で多様な情報を集約したり、小学校・中学校段階の教職員が合同で研修を行ったりするなどの取組が容易になると考えられます。

3．特に、小学校段階・中学校段階の双方の教員が協力して生徒指導に取り組むことを通じて、例えば、

① 学級担任制の良さを活かしつつ、チームで取り組む生徒指導の手法（例：複数対応での個別事情聴取など）を小学校高学年に取り入れる

② 中学校段階の教員が様々な形で小学校段階に乗り入れることにより、中学校段階での不登校につながる様々な萌芽的事象について小学校の教員と共有する

③ 小学校段階の教員が中学校段階に乗り入れたり、教育相談に参加したりする中で、小学校時代の教師と子供との人間関係を前提としたきめ細かなフォローを行う

④　兄弟姉妹が学校段階を超えて在籍している場合に、それぞれの情報を共有することによってよりきめ細かな生徒指導に活かしていく

などの取組が可能となると考えられます。

Q 6　小中一貫教育は、いわゆる「中一ギャップ」の緩和にどのような効果があるのですか。

A

1．文部科学省が実施してきた「児童生徒の問題行動等生徒指導上の諸問題に関する調査」によれば、不登校児童生徒数、いじめの認知件数、暴力行為の加害児童生徒数が、小学校６年生から中学校１年生になったときに大幅に増えることが経年的な傾向として明らかになっています。

2．また、都道府県や民間研究所の調査では、学習指導面においても、「授業の理解度」「学校の楽しさ」「教科や活動の時間の好き嫌い」について、中学生になると肯定的回答をする生徒の割合が大きく下がる傾向にあることが明らかになっています。

3．こうした事象は、家庭や社会の問題も含め、様々な要因が複雑に絡みあって生じているものと考えられますが、その大きな要因の一つとして、小学校・中学校における教育活動の間には、法令や学習指導要領等に規定されている事柄に加え、６－３の義務教育制度が導入されて以降の長い時間の中で、いわば学校の文化として積み上げられてきた大きな違いが存在しているとの指摘がなされています。

4．このような状況を踏まえ、小学校から中学校への進学に際して、生徒が体験する段差の大きさに配慮し、その間の接続をより円滑なものとするために、「意図的な移行期間」を設ける教育課程を編成し、学習指導・生徒指導上の工夫を行う取組が必要になっています。

5．こうした取組を行いやすくする観点から小中一貫教育の枠組みが広がっており、平成26年５月時点で、小中一貫教育に取り組んでいる学校の約９割で中１ギャップの緩和に成果が見られました。

〔参考〕中1ギャップのイメージ

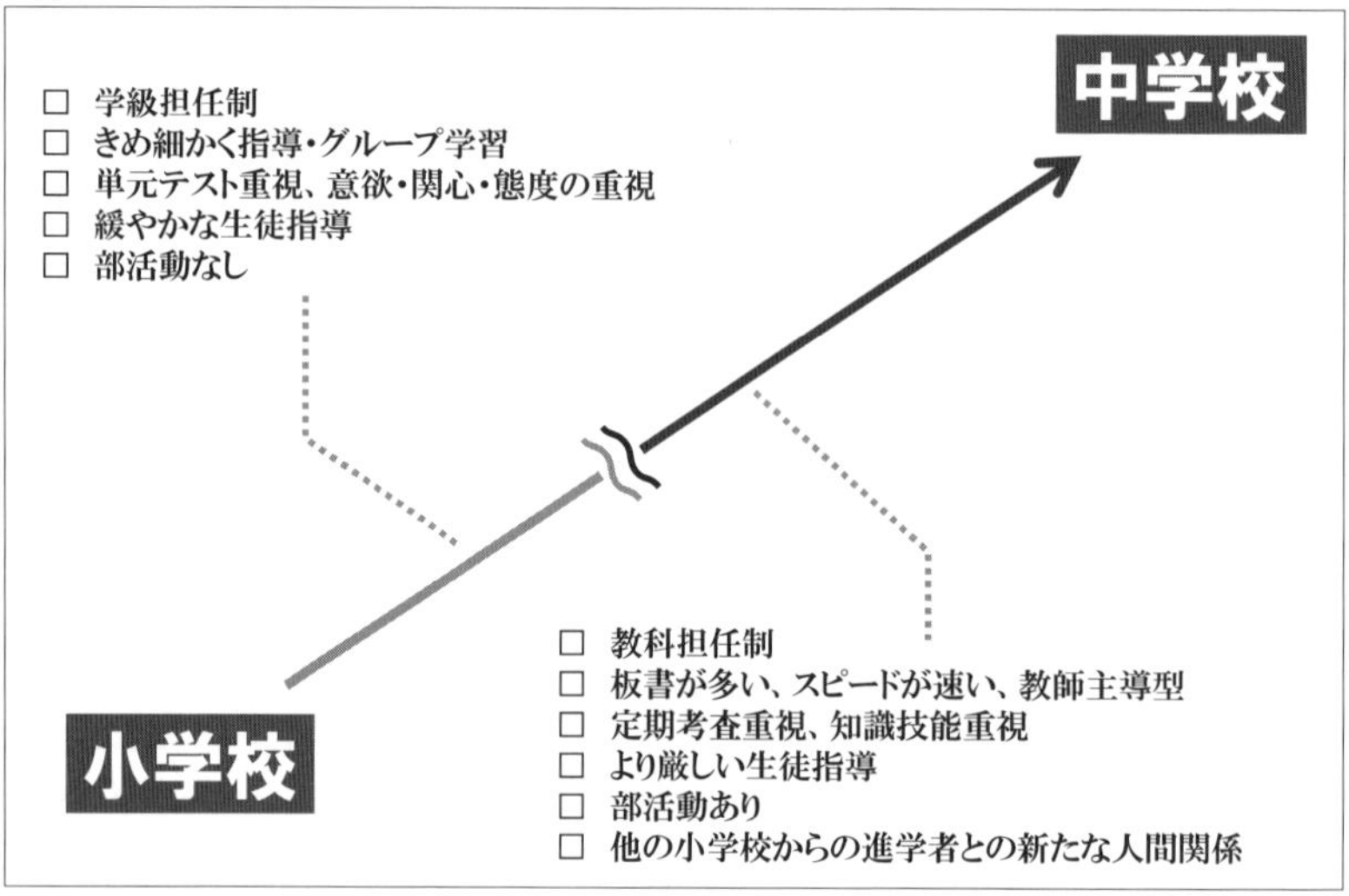

Q 7　小中一貫教育が制度化された理由は何ですか。

A

1．小中一貫教育については、制度化以前から全国各地で数多くの実践が行われ、顕著な成果が報告されていました。

2．一方、小学校･中学校が別々の組織として設置されているため、

① 小学校・中学校それぞれに校長や教職員組織が存在し、小中一貫した取組を行う場合、意思決定や意思統一に時間がかかる

② 組織が一体でないことから、人事異動などで人が変わると取組が定着しにくい

③ 教育課程の編成や年間指導計画の作成など、小学校・中学校ごとに取り組むことが想定されている事務が多く、9年間を見通して一体的に遂行することが難しい

④ 特例的な教育課程の編成にあたり、「研究開発学校制度」や「教育課程特例校制度」を活用する場合には、個別の文部科学大臣指定が必要となり、迅速な取組が難しい

などの課題が指摘されており、実際に運用上の取組を進めている現場からも小中一貫教育を制度化して実施しやすくしてほしいという要望が寄せられていました。

3．こうした状況を踏まえて、今回の制度化が行われたわけですが、このことにより、教育主体・教育活動・学校マネジメントの一貫性を確保し、継続性・安定性を担保した総合的かつ効果的な小中一貫教育の取組の実施が可能になると考えられます。

Q 8

小中一貫教育の制度化は、学校統廃合の促進につながるのではないですか。

A

1．小中一貫教育の制度化は、これまでの各地域の主体的な取組により小中一貫教育の成果が蓄積されてきた経緯に鑑み、設置者が、地域の実情を踏まえ、小中一貫教育の実施が有効と判断した場合に、円滑かつ効果的に導入できる環境を整備することが目的であり、学校統廃合の促進を目的とするものではありません。

2．今後、少子化に伴い学校の小規模化がさらに進むことが予想される中、十分な学校規模を確保し、子供たちにとって望ましい教育環境を整備していく観点から、有効と判断される場合に小学校・中学校を統合して義務教育学校を設置することは一つの方策としてあり得ると考えられますが、小中一貫教育の導入は、子供たちにとってより良い教育環境を整備するという教育的見地を中心に据え、地域住民や保護者とビジョンを共有しつつ検討することが期待されます。

3．なお、市区町村の教育委員会が小中一貫教育を推進する主な理由としては、

① 中１ギャップの緩和など生徒指導上の成果（平成26年５月時点で小中一貫教育を実施している211市区町村のうち96%）

② 学習指導上の成果（同95%）

③ 教職員の意識改革（同94%）

④ 異学年児童生徒の交流の促進（同75%）

⑤ 一定規模の児童生徒数の確保（同26%）

など種々のものが挙げられており、地域の実態を踏まえ、多様な

ねらいを達成する観点から取組が進められていることが明らかになっています。

Ⅱ　義務教育学校の概要

Q 9　「義務教育学校」とはどのような学校ですか。

A

1．小中一貫教育については、制度化以前から全国各地で数多くの実践が行われてきましたが、義務教育学校と運用上での小中一貫教育の取組とを比較すると、以下のような特徴があります。

①　修業年限については、運用上での小中一貫教育はあくまで小学校６年、中学校３年であるのに対し、義務教育学校は９年となります。

②　組織については、運用上での小中一貫教育は小学校・中学校それぞれに校長と教員組織があるのに対し、義務教育学校は一人の校長の下に一つの教員組織となります。

③　教員免許については、運用上での小中一貫教育では教員は所属する学校の免許状を保有すれば十分であるのに対し、義務教育学校では教員は原則として小学校及び中学校の免許状を併有することが必要となります（ただし、当分の間は、それぞれの段階の免許状を保有すればよいこととされています）。

④　教育課程については、運用上での小中一貫教育では小学校・中学校それぞれに教育目標の設定、教育課程の編成があり、また、一貫教育の実施に必要な教育課程の特例は個別に申請し、文科大臣の指定が必要であるのに対し、義務教育学校では９年間の教育目標の設定、９年間の系統性を確保した教育課程の編成があり、また、一貫教育の実施に必要な教育課程の特例の創設に際し、個別の申請、文部科学大臣の指定は不要です。

2．なお、平成28年４月現在、義務教育学校は、13都道府県15市区町において、22校設置されています。

〔参考〕運用上での小中一貫教育と義務教育学校の比較

	運用上での小中一貫教育	義務教育学校
修業年限	・小学校６年 ・中学校３年	・９年（ただし、小学校・中学校の学習指導要領を準用するため、前半６年と後半３年の課程の区分は確保）
設置義務	・小学校・中学校ともに市町村に設置義務	・設置義務はないが、小学校・中学校の設置に代えて設置した場合には、設置義務の履行と同等
教育課程	・小学校・中学校それぞれの教育目標の設定、教育課程の編成 ・一貫教育の実施に必要な教育課程の特例を個別に申請し、文科大臣の指定が必要	・９年間の教育目標の設定、９年間の系統性を確保した教育課程の編成 ・小学校・中学校の学習指導要領を準用した上で、一貫教育の実施に必要な教育課程の特例を創設し、個別の申請、大臣の指定は不要（例：一貫教育の軸となる新教科創設、指導事項の学年・学校段階間の入れ替え・移行）
組　織	・小学校・中学校それぞれに校長（計２名） ・小学校・中学校別々の教職員組織	・１人の校長（ただし、統括担当の副校長又は教頭を１人措置） ・一つの教職員組織（教職員定数は、小学校の定数と中学校の定数の合計数と同じ）
免　許	・教員は所属する学校の免許状を保有すれば十分	・当面は原則小・中両免許状を併有（当面は小学校免許状で前期課程、中学校免許状で後期課程を指導可能としつつ、免許状の併有を促進）

施　設	・国庫負担の対象は、小学校同士の統合、中学校同士の統合のみ	・国庫負担の対象として、小学校と中学校を統合して義務教育学校を設置する場合も追加
その他	・学校評価は、小学校・中学校それぞれで実施 ・学校運営協議会は、小学校・中学校それぞれに設置 ・学校いじめ防止基本方針は、小学校・中学校それぞれで策定	・学校評価は、義務教育学校として実施 ・学校運営協議会は、義務教育学校として一つ設置 ・学校いじめ防止基本方針は、義務教育学校として策定

〔参考〕小中一貫教育の制度化を受けた市区町村の動向

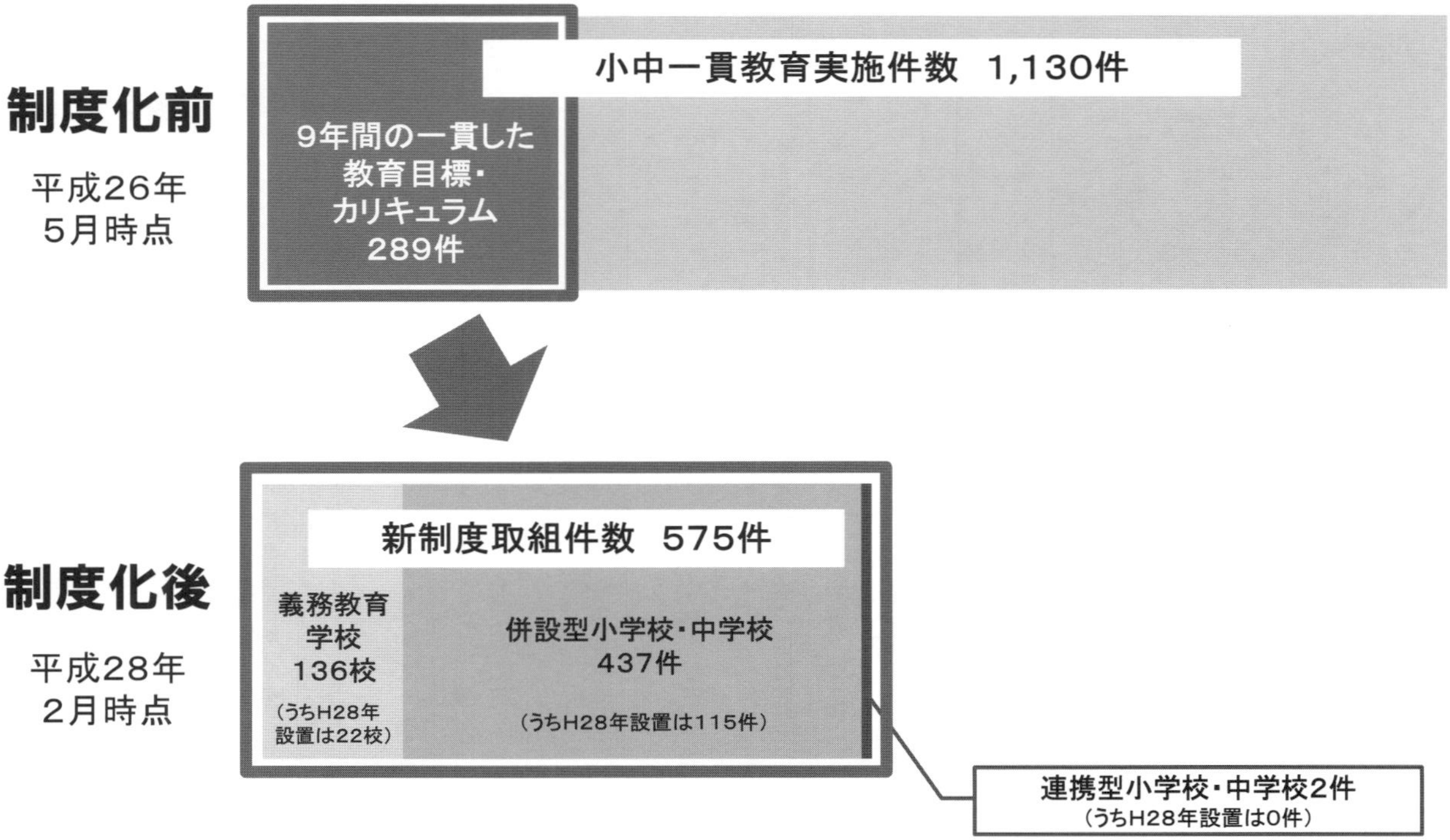

出典：文部科学省「小中一貫教育の制度化に伴う導入意向調査（平成28年２月時点）」

【参考】平成28年度設置の義務教育学校の概要

都道府県	学校名	施設	区切り	教育課程の特例
北海道	斜里町立知床ウトロ学校	一体型	6－3	予定なし
北海道	中標津町立計根別学園	一体型	6－3	検討中
岩手県	大槌町立大槌学園	一体型	4－3－2	一貫教科
山形県	新庄市立萩野学園	一体型	4－3－2	予定なし
茨城県	水戸市立国田義務教育学校	一体型	4－4－1	一貫教科、検討中
茨城県	つくば市立春日学園義務教育学校	一体型	4－3－2	一貫教科、検討中
千葉県	市川市立塩浜学園	隣接型	4－3－2	一貫教科
東京都	品川区立品川学園	一体型	4－3－2	一貫教科、中小前倒し、小内・中内入替え
東京都	品川区立日野学園	一体型	4－3－2	一貫教科、中小前倒し、小内・中内入替え
東京都	品川区立伊藤学園	一体型	4－3－2	一貫教科、中小前倒し、小内・中内入替え
東京都	品川区立荏原平塚学園	一体型	4－3－2	一貫教科、中小前倒し、小内・中内入替え
東京都	品川区立八潮学園	一体型	4－3－2	一貫教科、中小前倒し、小内・中内入替え
東京都	品川区立豊葉の杜学園	一体型	4－3－2	一貫教科、中小前倒し、小内・中内入替え
神奈川県	横浜市立霧が丘義務教育学校	隣接型	6－3	検討中
石川県	珠洲市立宝立小中学校	一体型	4－3－2	一貫教科、中小前倒し
石川県	珠洲市立大谷小中学校	一体型	4－3－2	一貫教科、中小前倒し

長野県	信濃町立信濃小中学校	一体型	4－5	検討中
大阪府	守口市立さつき学園	一体型	6－3	検討中
兵庫県	神戸市立義務教育学校港島学園	隣接型	6－3	検討中
高知県	高知市立義務教育学校行川学園	一体型	4－3－2	検討中
高知県	高知市立義務教育学校土佐山学舎	一体型	4－3－2	一貫教科、検討中
佐賀県	大町町立小中一貫校大町ひじり学園	一体型	4－3－2	検討中

※中小前倒し：中学校段階の指導内容の小学校段階への前倒し移行
小内・中内入替え：小学校段階・中学校段階における学年間の指導内容の後送り又は前倒し移行
出典：文部科学省「小中一貫教育の制度化に伴う導入意向調査（平成28年２月時点）」

Q 10

義務教育学校を設置できる「教育上有益かつ適切な場合」とはどのような場合ですか。誰がそれを判断するのですか。

A

1．義務教育学校の設置については、地域の教育課題や児童生徒の実態、保護者等の要望などを総合的に勘案した上で、設置者が適切に判断するものです。

2．具体的には、例えば、

① 中学校段階におけるいじめ、不登校、暴力行為等の問題行動が深刻であり、それらの原因が、小学校・中学校の接続が円滑でないことの影響を受けたもので、早期から小学校・中学校段階の教職員が協力して一体となった教育活動を実施することが有効と考えられる場合

② 地域ニーズを踏まえ、小中一貫した独自の教科等の設定を希望する場合

③ 小学校・中学校単独では学校規模が小さすぎ、小学校・中学校の統合により適切な学校規模を確保する必要がある場合

などが想定されます。

3．なお、公立の義務教育学校の設置には、最終的には各市町村の学校設置条例の改正が必要となるため、住民の代表により構成される地方議会の議決を経ることとなります。

【参照条文】学校教育法

第三十八条　市町村は、その区域内にある学齢児童を就学させるに必要な小学校を設置しなければならない。ただし、教育上有益かつ適切であると認めるときは、義務教育学校の設置をもつてこれに代えることができる。

Q11 すでに小中一貫教育を行っている学校が、義務教育学校に移行するメリットは何ですか。

A

1．義務教育学校に移行することによって、教育主体・教育活動・学校マネジメントの一貫性を確保することが容易になり、継続性・安定性を担保した総合的かつ効果的な小中一貫教育の取組を実施することが可能になります。

2．具体的には、例えば、

①　管理職や中核教員の人事異動などにかかわらず、二つの学校段階にまたがる教職員組織を一体的にマネジメントしやすくなる

②　小学校・中学校の兼務発令などが不要となり、都道府県による適切な人事配置を促進しやすくなる

③　学校ごとに取り組むことが想定されている教育課程の編成や年間指導計画の作成などの重要な事務について、小学校・中学校段階の教職員が一体となって取り組むことができる

④　校長間の意思疎通が不要となり、一人の校長がリーダーシップを発揮することができる

などのメリットが考えられます。

3．また、教育課程特例校制度を活用して小中一貫教育を実施している場合、個別の申請や文部科学大臣の指定が不要となります。

〔参考〕小・中ごとに取り組むことが想定されている主な事項

・教育課程の編成・実施（学習指導要領総則）
・年間指導計画の作成（学習指導要領総則）
・指導要録の作成（学校教育法施行規則第24条）
・教科書以外の教材の届出（地方教育行政法第33条）
・学校評価の実施（学校教育法施行規則第66条等）
・学校運営協議会の設置（地方教育行政法第47条の５）
・学校評議員の各校長からの推薦、教育委員会からの委嘱（学校教育法施行規則第49条）
・学校保健計画の策定・実施（学校保健安全法第５条）
・学校安全計画の策定・実施（学校保健安全法第27条）
・学校いじめ防止基本方針の策定（いじめ防止対策推進法第13条）

Q 12

義務教育学校を新たに設置する場合は、どのような手続が必要ですか。

A

1．公立の義務教育学校を新たに設置する場合は、小学校、中学校を設置する場合と同じ様に、学校教育法、学校教育法施行令、学校教育法施行規則の各規定や、学校教育法施行規則第19条に基づいて都道府県の教育委員会が定める細則に従い、学校設置条例の改正等の設置手続を行う必要があります。既存の公立小学校・中学校を義務教育学校にする場合には、小学校・中学校の廃止手続に加え、同様に、新たに設置する義務教育学校の設置手続を行う必要があります。

2．また、私立学校を設置運営する主体である学校法人を新たに設立し、義務教育学校を設置する場合、学校教育法、学校教育法施行令、学校教育法施行規則の各規定に加え、私立学校法や私立学校法施行規則の各規定や、所轄庁である都道府県知事が定める要項に従い、学校法人の設立を目的とする寄附行為と学校の設置について認可を受ける必要があります。その際、都道府県知事は私立学校審議会の意見を聴くこととされています。既存の私立小学校・中学校を義務教育学校にする場合には、小学校・中学校の廃止に加え、新たに設置する義務教育学校の設置について、同様に認可を受ける必要があります。

【参照条文】学校教育法施行規則

第十九条　学校教育法、学校教育法施行令及びこの省令の規定に基づいてなすべき認可の申請、届出及び報告の手続その他の細則については、文部科学省令で定めるもののほか、公立又は私立の大学及び高等専門学校に係るものにあつては文部科学大臣、大学及び高等専門学校以外の市町村の設置する学校に係るものにあつては都道府県の教育委員会、大学及び高等専門学校以外の私立学校に係るものにあつては都道府県知事が、これを定める。

Q 13

一部の小学校・中学校を義務教育学校とする場合、当該自治体の条例・規則における小学校や中学校という文言が入っている規定は改正すべきですか。

A

1．基本的には改正の必要があると考えます。ただし、内容としては改正の対象となりうるものであっても、具体的な規定の仕方によって改正が不要となる条文も生じうるため、改正の要否については、個別に検討することが必要となります。

2．例えば、域内の博物館の利用料金を定める規定において、「中学生・小学生」という料金種別が設けられており、義務教育学校に在学する児童生徒にも当該料金種別での利用を認める場合であっても、あらかじめ「中学校、小学校に在学する生徒、児童又はこれらに準ずる者」といった形で規定されている場合には、改正が不要となる場合もあります。

Q14 同一市区町村の中で、小学校・中学校と義務教育学校の両方を設置することはできますか。

A

1．今回の制度化では、広く国民に定着した小学校・中学校を存置することとしつつ、教育上有益かつ適切な場合に、義務教育学校を設置することができるとしています。

2．具体的には、引き続き各市区町村に対し、法律上、小学校・中学校の設置義務を課す一方、義務教育学校については設置義務を課さず、地域の教育課題や児童生徒の実態、保護者等の要望等を総合的に勘案した上で、小学校・中学校に代えて義務教育学校を設置することができるとしています。

3．このため、同一市区町村内のすべての小学校・中学校を義務教育学校とすることも、義務教育学校を設置しないことも選択できるとともに、小学校・中学校と義務教育学校の両方を設置することも可能です。

4．このような制度とするメリットとしては、

・地域によっては、小学校・中学校と義務教育学校を併存させ、それぞれの教育を充実させることで、小学校・中学校と義務教育学校が持つそれぞれの長所を生かした教育を展開できる

・地域ごとの教育課題や児童生徒の実態、保護者の要望、中高一貫の設置状況等に応じた柔軟な教育政策を展開することができる

という点が挙げられます。

5．このうち義務教育学校と小学校･中学校の両方を設置する場合、

・同一市区町村内で、就学する学校によって教育内容や教育方法

　が大きく異なるのではないか
・教育課程の特例が認められることから、転出入により、学習内容に差が生じて児童生徒が戸惑うのではないか
などの懸念もあることから、市区町村が児童生徒の実態や保護者のニーズを踏まえ、対外的な説明責任にも留意し、適切に判断することが必要です。

Q15 義務教育学校は、必ず「○○義務教育学校」という名称を用いなければならないのですか。

A

1.「義務教育学校」という名称は、法律上の名称であり、個別の学校の名称について「義務教育学校」と付さなければならないものではありません。

2．すでにこれまでの制度の下においても、地方公共団体や学校法人が設置する個別の小学校・中学校の名称について、

① 公立学校の中には、学校設置条例で小学校、中学校の正式な名称が用いられた上で、教育委員会が定める学校管理規則により、小中一貫教育を行っている学校を一括りにし、「学園」と呼称する旨規定している例

② 私立学校の中には、学校法人の寄附行為において、学校教育法上の小学校や中学校である旨明示した上で、小学校段階の学校を「幼稚舎」や「初等部」と呼称している例

があります。

3．これらは、いずれも法令に違反するものではなく、義務教育学校についても、同様に、公立学校であれば学校管理規則などの教育委員会規則により、私立学校であれば寄附行為により、法律上の正式な名称（義務教育学校）を明らかにした上で義務教育学校以外の個別の名称を用いることは可能です。

【条例のイメージ】

○■■市学校設置条例

（名称および位置）

第○条　学校の名称および位置は、別表のとおりとする。

別表（第○条関係）

(1)　小学校

名称	位置
■■市立△△小学校	■■市△△１丁目１番１号

(2)　中学校

名称	位置
■■市立▲▲中学校	■■市▲▲２丁目１番１号

(3)　義務教育学校

名称	位置
■■市立△▲義務教育学校	■■市△▲１丁目１番１号
■■市立●●学園	■■市●●２丁目１番１号
■■市立◎◎小中一貫校	■■市◎◎３丁目１番１号

Q 16

既存の小学校・中学校を義務教育学校に転換する場合、現校名の「○○小学校」あるいは「○○中学校」の名称を引き続き使用してもよいですか。

A

1．「義務教育学校」という名称は、法律上の名称であり、個別の学校の名称について「義務教育学校」と付さなければならないものではありません。

2．一方、義務教育学校は、あくまで小学校及び中学校とは異なる学校の種類であることから、学校教育法第一条に定められた他の学校の種類の名称（小学校、中学校）を使用することはできません。

3．したがって、既存の小学校・中学校を義務教育学校に転換する場合であっても、現校名の「○○小学校」あるいは「○○中学校」の名称を引き続き使用することはできません。

Q 17　なぜ義務教育学校を前期課程と後期課程に分けるのですか。

A

1．今回の義務教育学校の制度化は、地域の実情や児童生徒の実態など様々な要素を総合的に勘案して、設置者が主体的に判断できるよう、既存の小学校・中学校に加えて、義務教育を行う学校の設置に係る制度上の選択肢を増やしたものです。

2．しかしながら、義務教育学校は、既存の小学校・中学校と併存することになることから、義務教育学校の前期課程修了の後、私立中学校に進学する場合や、小学校卒業の後、義務教育学校の後期課程へ進学する場合も想定されます。

3．これらを総合的に勘案し、義務教育学校においては、その課程を前期６年と後期３年の課程に区分し、小学校・中学校の基準を準用することとされています。

【参照条文１】学校教育法

第四十九条の四　義務教育学校の修業年限は、九年とする。

第四十九条の五　義務教育学校の課程は、これを前期六年の前期課程及び後期三年の後期課程に区分する。

【参照条文２】学校教育法施行規則

第七十九条の二　義務教育学校の前期課程の設備、編制その他設置に関する事項については、小学校設置基準の規定を準用する。

2　義務教育学校の後期課程の設備、編制その他設置に関する事項については、中学校設置基準の規定を準用する。

Q18

前期課程６年、後期課程３年の区分と４－３－２や５－４のような弾力的な教育課程の区分との関係はどのように理解したらよいですか。

A

1．義務教育学校は、既存の小学校・中学校と併存することから、義務教育学校から私立中学校への進学や、小学校を卒業した後に義務教育学校へ進学を希望する場合も想定されます。このため、義務教育学校については修業年限を９年としつつ、その課程を前期６年と後期３年に区分し、小学校・中学校の基準を準用することとされています。

2．その上で、義務教育学校では、地域や児童生徒が抱える教育課題に対応するため、１年生から９年生までの児童生徒が一つの学校に通うという性質を生かして、９年間の教育課程において、例えば４－３－２や５－４といった柔軟な学年段階の区切を設定することも可能とされています。

3．この場合の「学年段階の区切り」とは、前期課程、後期課程の目標を達成するための課程の変更を意味するものではなく、カリキュラム編成上の工夫や指導上の重点を設けるための便宜的な区切りを想定しており、具体的には、

① 中学校段階との円滑な接続を重視し、小学校高学年段階から独自の教科（例：郷土、ふるさと科など）を設け、当該教科が導入される学年を区切りとすること

② 中学校段階の教育の特徴である教科担任制や定期考査、制服・部活動等を小学校高学年段階から導入して、この学年を区切りとすること

③　子供の発達にあわせて区切りを設け、その中で異年齢活動を充実させたり、各区切りの最後で成長を促す儀式的行事（例：４年時の２分の１成人式、７年時の立志式等）を開催したりして、次の区切りへの意欲を高めること

などの工夫が考えられます。

〔参考〕前期６年・後期３年の区切りと４－３－２などの関係

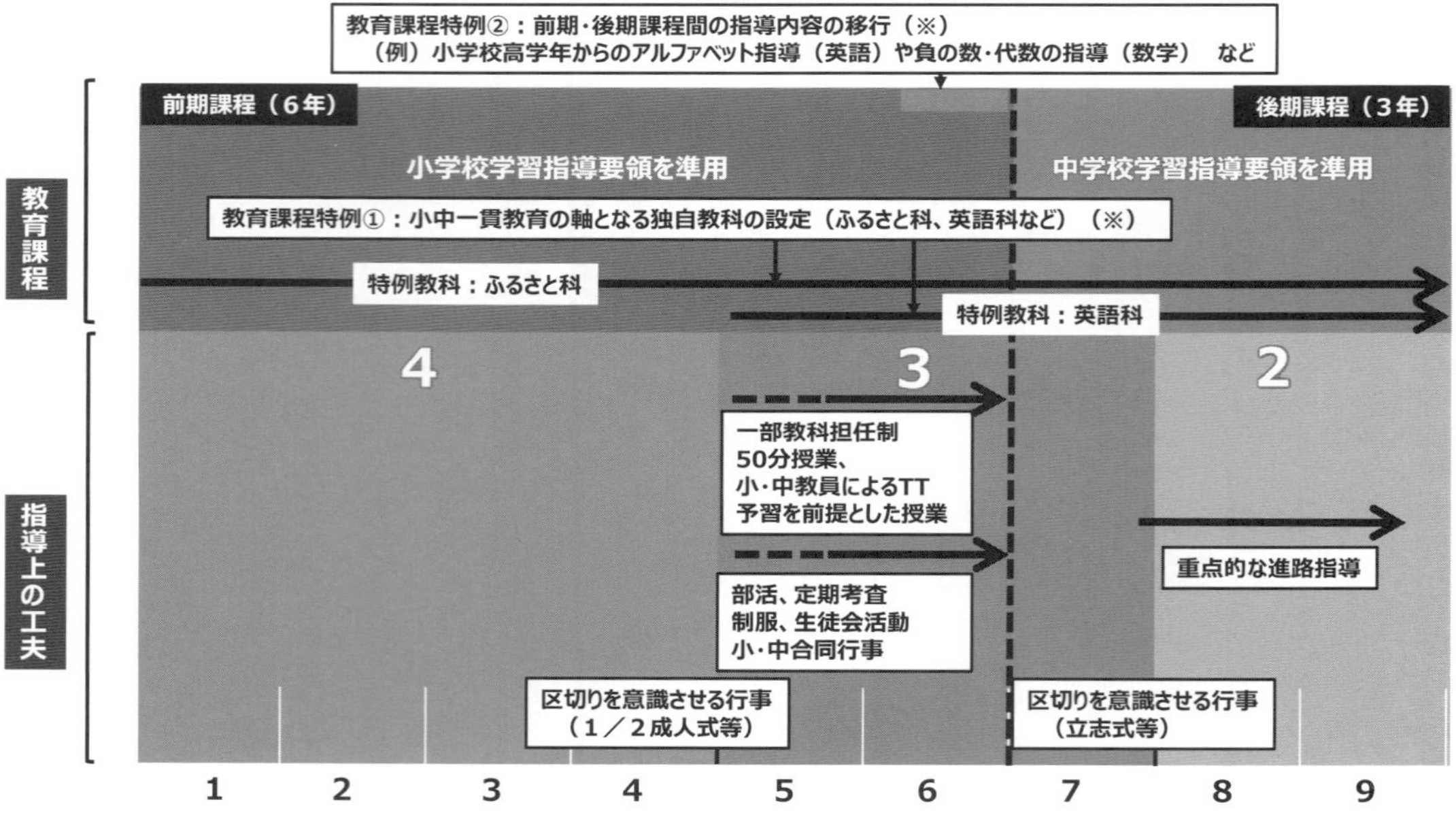

Q19

小学校は１単位時間45分、中学校は50分ですが、特に施設一体型の義務教育学校の場合、この時間割の違いにより学校運営上支障が生じませんか。

A

1．小中一貫教育の制度化以前に運用上の工夫によって、何らかの形で小中一貫教育に取り組んでいる学校のうち、９年間を通して45分授業に統一している学校は１％にすぎず、ほとんどの学校では１単位時間45分、中学校では50分となっていました（平成26年５月時点）。

2．他方で、同調査では、時間割編成等が課題であると回答した小中一貫教育に取り組んでいる学校は、施設分離型の学校と比較して、施設一体型の学校が多くなっており、小中一貫教育を進める上で、小学校段階と中学校段階での時間割の違いに配慮することが必要です。

3．例えば、

①　授業の１単位時間を45分に統一し、中学校の各教科などの年間授業時数は、朝学習と金曜日の６限以後に30分の授業を行い補う

②　休憩時間などを調整し、授業開始時間を合わせることにより、乗り入れ授業や特別教室などの共同利用ができる時間帯を設ける

③　授業の１単位時間が変わる学年でフロアや校舎を分けたり、チャイムの設定方法を変える

といった工夫が考えられます。

〔参考〕授業時間の設定状況

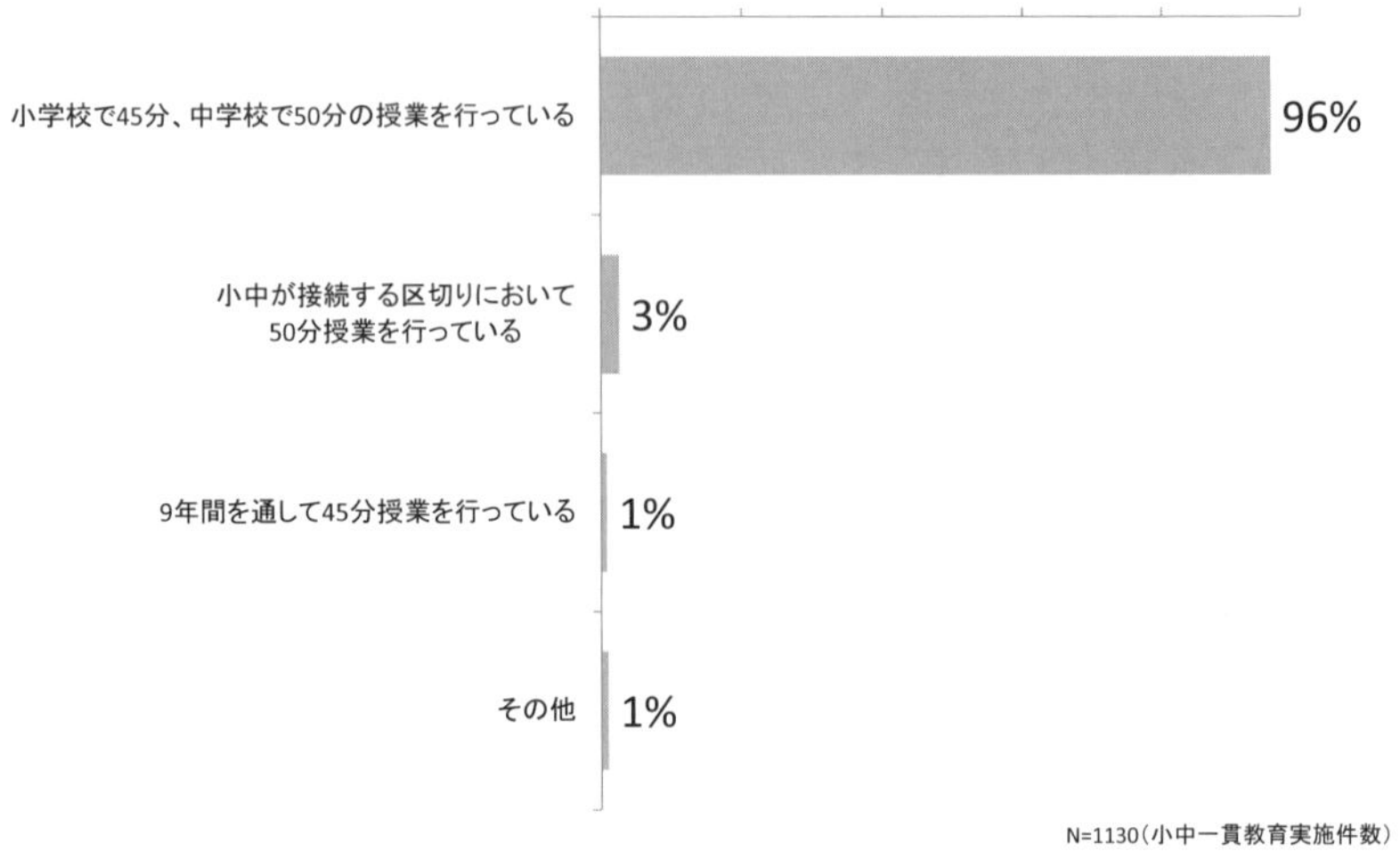

出典：文部科学省「小中一貫教育等についての実態調査（平成26年５月時点）」

〔参考〕施設形態ごとの施設面での課題

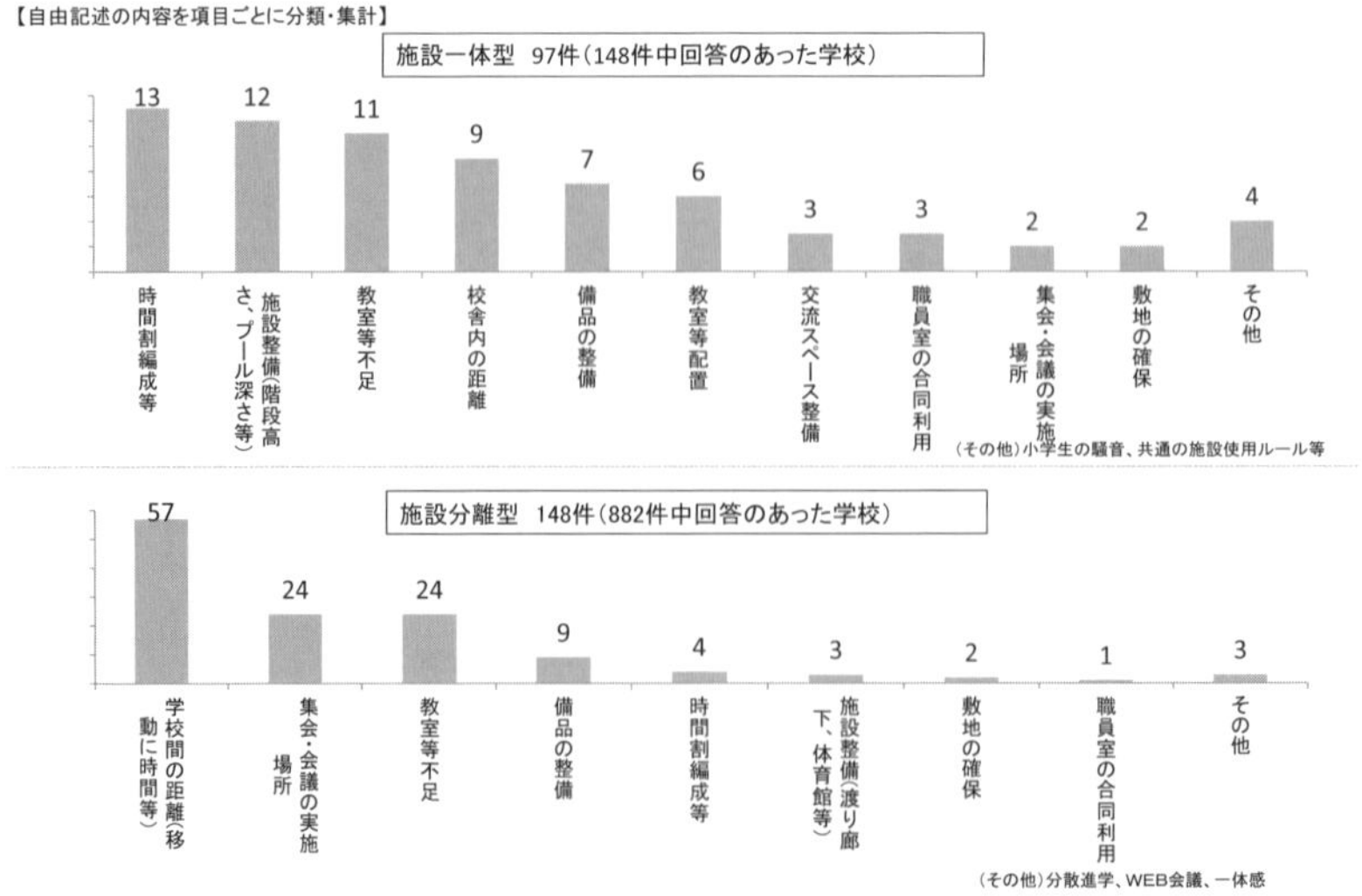

出典：文部科学省「小中一貫教育等についての実態調査（平成26年５月時点）」

Q20 制服や鞄などは、義務教育学校ではどのように取り扱うとよいですか。

A

1. 義務教育学校では、地域や児童生徒が抱える教育課題に対応するため、１年生から９年生までの児童生徒が一つの学校に通うという性質を生かして、９年間の教育課程において、例えば４－３－２や５－４といった柔軟な学年段階の区切を設定することも可能とされています。
2. この場合の「学年段階の区切り」とは、前期課程、後期課程の目標を達成するための課程の変更を意味するものではなく、カリキュラム編成上の工夫や指導上の重点を設けるための便宜的な区切りを想定していますが、制服や鞄などに差を付けることによって、視覚的に区切りを意識させることも効果的であると考えられます。
3. その際には、単に制服や鞄などで差を付けるだけではなく、教科担任制や定期考査の導入、部活動への参加、校舎のフロアの区切りの工夫など、他の様々な取組と組み合わせることによって、相乗効果を生み出すような取り扱いをすることが期待されます。

Q21 部活動を前期課程に導入する場合の留意点について教えてください。

A

1．従前から一部の地域においては小学校で部活動を導入する取組が行われていますが、平成26年５月時点で、小中一貫教育を行う学校のおよそ４割の学校において、小中の円滑な接続の観点から、小学校中学年又は高学年から様々な部活動の導入が行われています。

2．導入の方式は学校としての方針や施設の形態によって様々ですが、例えば、

① 高学年が中学校の部活動に本格的に参加することを認める

② 週数回、中学校の部活動に参加することを認める

③ 小学校において発達段階に即した独自の部活動を行い、中学校への円滑な接続を図る（例：タグラグビー、ミニバスケット等）

④ 中学校の部活動の見学の機会を年間複数回設定する

などの取組が考えられます。

3．この際、導入にあたっては、一般に下記のような点に留意する必要があると考えられます。

① 少年団活動が盛んな地域などにおいては、小学生に参加を認める部活動の種類を精選するなどして、地域の活動との整合性を図ること

② 小学生の身体の発達段階を十分に踏まえ、スポーツ障害などが起こることのないよう過度な練習は避けること

③ 活動日数や１回あたりの実施時間も子供の実態や発達段階を踏まえて必要な差異を設けること

④　競技によっては小学校・中学校でルールに違いがあるため、用具や活動場所を適切に調整すること（ボールの大きさ、用具の重さ、コートの広さやネットの高さなど）

⑤　小学校教員が指導に携わる場合は、持ち授業時数にも配慮し、一つの部に複数で関わるなど負担が大きくならないようにすること

⑥　教育課程外の活動であるため、参加は希望制が基本であること

⑦　特に新たに導入する場合においては、他の様々な特色ある取組と同様、保護者や地域に丁寧に説明し、十分な理解と協力を得ること

4．なお、学業の優先はもとより、発達段階を踏まえて過度な練習を避ける、教職員の過度な負担を避けるなどの観点から、

①　適切な休養日を設けること

②　活動時間を適切に設定し徹底する必要があること

③　定期考査前などは十分な余裕を持って活動停止期間を設けること

などは、小中一貫教育を行う学校に限らず、すべての小学校・中学校において十分に留意する必要があります。

Q22 前期課程６年の修了時には卒業式を行ったり、修了証書を出したりするのですか。

A

1．義務教育学校においては、前期６年と後期３年に課程を区分しているため、義務教育学校の前期課程６年生から別の中学校に転出する生徒は、「義務教育学校の前期課程６年を修了した」という扱いとなり、卒業証書は授与されないものの、必要に応じて前期課程修了を証明する文書が発行されることとなります。

2．この場合において、「小学校の卒業」と「義務教育学校の前期課程修了」とでは、取り扱いが異なるものではありません。

3．また、義務教育学校の修業年限は９年であることから、通常、卒業式は９年修了時に行われるものと考えられますが、その他の学年で区切りの儀式的行事を行うことを妨げるものではありません。

〔参考〕卒業式入学式以外の学年段階区切りを意識させる行事の実施（学年段階の区切りが６－３以外の場合）

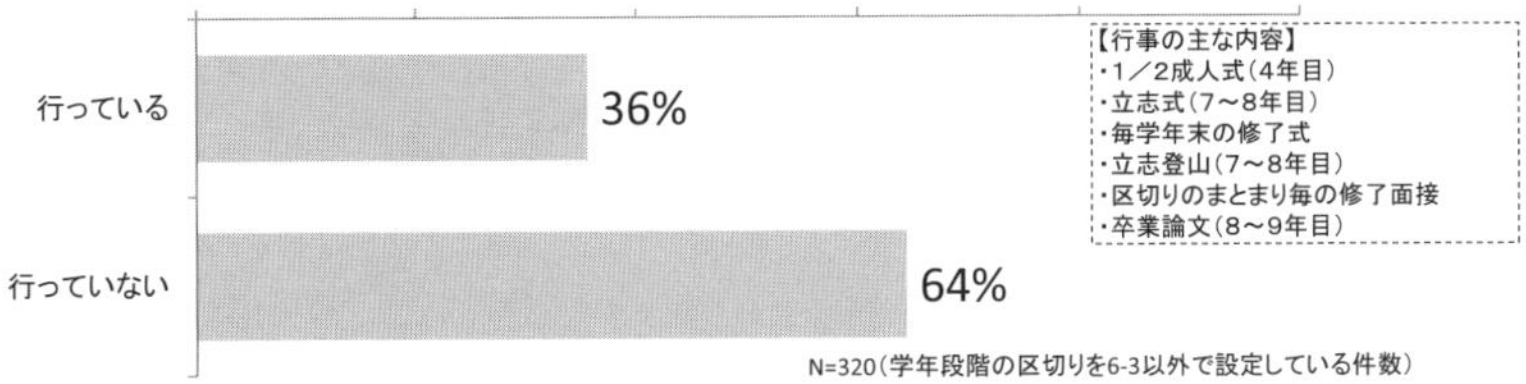

〔参考〕小学校の卒業式や入学式の実施状況（学年段階の区切りが６－３以外の場合）

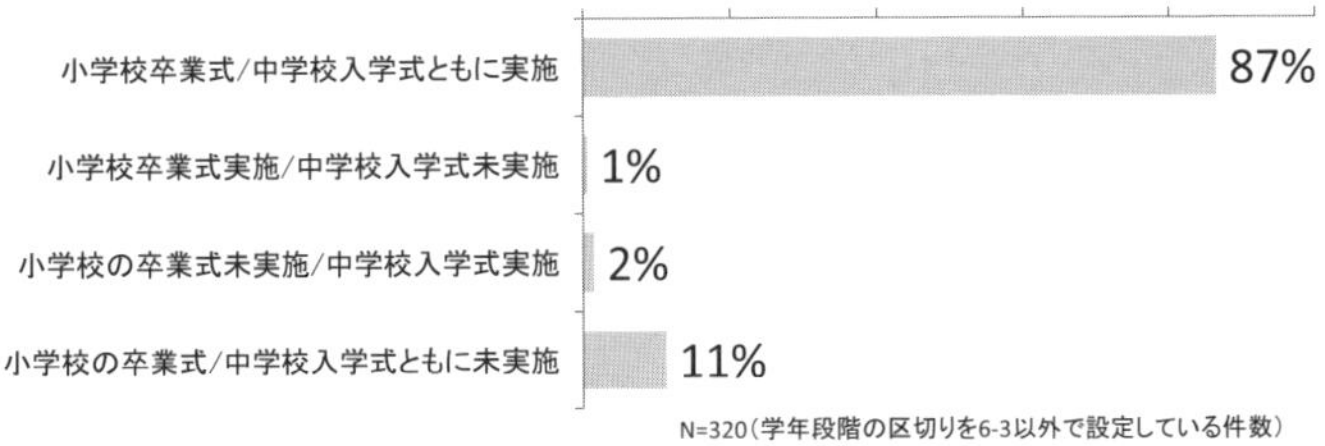

出典：文部科学省「小中一貫教育等についての実態調査（平成26年５月時点）」

【参照条文】　学校教育法施行規則

第五十七条　小学校において、各学年の課程の修了又は卒業を認めるに当たっては、児童の平素の成績を評価して、これを定めなければならない。

第五十八条　校長は、小学校の全課程を修了したと認めた者には、卒業証書を授与しなければならない。

（※これらの規定は義務教育学校にも準用）

Q23 義務教育学校は小学校・中学校とは異なる特別な学校であるとすると、機械的な就学指定の対象とするよりは学校選択制の対象とした方がよいのですか。

A

1．義務教育学校は、小学校・中学校の学習指導要領を準用することとしており、学習指導要領に示された内容項目を網羅して行われることになるため、小学校・中学校と異なる内容・水準の教育を施す学校ではないことから、市区町村設置の場合は就学指定の対象とされています。

2．また、いわゆる「学校選択制」は、あくまで就学指定の手続の一つとして行われるものであり、特定の学校に入学希望者が集中した場合の調整にあたっては、就学指定の基本的な仕組みを踏まえ、学力による入学者選抜が行われることはなく、また制度を運用するにあたっては、通学する学校により格差が生じることのないよう十分な配慮が求められています。

3．これらを踏まえ、市区町村において義務教育学校を設置する際、通常の学区制を導入するか、学校選択制を導入するかについては、小学校・中学校の場合と同様、市区町村が児童生徒の実態や保護者のニーズを踏まえ、対外的な説明責任にも留意し、適切に判断していくべきものと考えられます。

【参照条文１】学校教育法施行令

（入学期日等の通知、学校の指定）

第五条　市町村の教育委員会は、就学予定者（中略）のうち、認定特別支援学校就学者（中略）以外の者について、その保護者に対し、翌学年の初めから二月前までに、小学校、中学校又は義務教育学校の入学期日を通知しなければならない。

2　市町村の教育委員会は、当該市町村の設置する小学校及び義務教育学校の数の合計数が二以上である場合又は当該市町村の設置する中学校（法第七十一条の規定により高等学校における教育と一貫した教育を施すもの（以下「併設型中学校」という。）を除く。以下この項、次条第七号、第六条の三第一項、第七条及び第八条において同じ。）及び義務教育学校の数の合計数が二以上である場合においては、前項の通知において当該就学予定者の就学すべき小学校、中学校又は義務教育学校を指定しなければならない。

3　（略）

【参照条文２】学校教育法施行規則

第三十二条　市町村の教育委員会は、学校教育法施行令第五条第二項（中略）の規定により就学予定者の就学すべき小学校、中学校又は義務教育学校（中略）を指定する場合には、あらかじめ、その保護者の意見を聴取することができる。この場合においては、意見の聴取の手続に関し必要な事項を定め、公表するものとする。

2　（略）

Q24

これまでは、中学校の入学時に学校選択制を導入していますが、一部の中学校を義務教育学校とした場合、義務教育学校の児童に対する学校選択制はどのようにすることが考えられますか。

A

1．義務教育学校は、修業年限を９年としつつ、その課程を前期６年と後期３年に区分し、小学校・中学校の学習指導要領を準用しており、義務教育学校から私立中学校への進学する場合や、小学校を卒業した後に義務教育学校へ進学を希望する場合も想定されています。

2．したがって、ある義務教育学校に入学した児童が前期課程を修了した後に、他の中学校への進学を希望することを妨げるものではありません。

3．しかしながら、小学校を卒業した児童にとっては、どの中学校に入学するにせよ、ある小学校の全課程を修了し、必ずいずれかの中学校に入学することを決定する必要があるのに対し（中学校の就学指定が必須）、義務教育学校の前期課程を修了した児童は、当該義務教育学校の全課程を修了したわけではなく、当該義務教育学校の７年時に進学することが予定されていることから（後期課程への就学指定は不要）、学校選択制の実施にあたって、小学校の児童と義務教育学校の児童を一律に実施するのは適切ではないと考えられます。

4．例えば、小学校に在籍する児童に対しては、就学を希望する中学校について一律にその保護者に意見を聴取するのに対し、義務教育学校に在籍する児童については、当該義務教育学校の後期課程に進学を希望しないものだけ、その旨を申し出てもらうといった方法が考えられます。

Ⅲ　義務教育学校の教職員

Q 25

義務教育学校の教職員定数はどのようになりますか（小学校・中学校の時より増えますか、減りますか）。

A

1．義務教育学校の教職員体制については、義務教育学校の前期課程及び後期課程では、それぞれ小学校及び中学校に準じた教育が行われるため、学級編制及び教職員定数の標準についても、前期課程は小学校と、後期課程は中学校と、それぞれ同等に算定することとされています。

2．義務教育学校は一つの学校であり、校長は一人となる一方、学校段階間の接続を円滑にマネジメントするために副校長・教頭を一人加算しているため、小学校・中学校が義務教育学校に移行する場合には教職員定数は同数となり、例えば、小学校１校と中学校１校が義務教育学校に移行する場合には、教職員定数が削減されることはありません。

〔参考〕小学校１校と中学校１校を義務教育学校１校に移行する場合の例

小・中学校の算定（例）

○小学校
（12学級校）

校長 1人

職種	定数
副校長・教頭	1人
教諭	13.5人
養護教諭	1人
事務職員	1人

○中学校
（6学級校）

校長 1人

職種	定数
副校長・教頭	1人
教諭	9.5人
養護教諭	1人
事務職員	1人

総計：31人

→

義務教育学校の算定（例）

○義務教育学校
（18学級校）

校長　1人
副校長　1人
（総括担当）

※前期課程（12学級）

職種	定数
副校長・教頭	1人
教諭	13.5人
養護教諭	1人
事務職員	1人

（小学校と同様の算定）

※後期課程（6学級）

職種	定数
副校長・教頭	1人
教諭	9.5人
養護教諭	1人
事務職員	1人

（中学校と同様の算定）

総計：31人

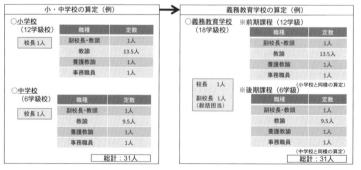

Q26　例えば、小学校２校、中学校１校から施設分離型の義務教育学校とした場合、教員の配置はどのようになりますか。

A

1．義務教育学校の教職員体制については、義務教育学校の前期課程及び後期課程は、それぞれ小学校及び中学校に準じた教育が行われるため、学級編制及び教職員定数の標準についても、前期課程は小学校と、後期課程は中学校と、それぞれ同等に算定することとされています。

2．他方、例えば、小学校２校と中学校１校が義務教育学校に移行する場合は、小学校２校の学校統廃合が生じることから、前期課程の教職員定数は移行前の小学校２校分と比較して減少することとなります。

3．また、教職員定数は学校単位で算定されることから、例えば、移行前の小学校２校と中学校１校の校舎を活用して、３校舎からなる施設分離型の義務教育学校を設置したとしても、校舎単位で教職員定数が算定されることはありません。

Q27

義務標準法では、義務教育学校において前期課程と後期課程に分けて教員定数が算定されますが、校内人事で実際の配置を変えることは可能ですか。

A

1．義務教育学校の教職員体制については、義務教育学校の前期課程及び後期課程は、それぞれ小学校及び中学校に準じた教育が行われるため、学級編制及び教職員定数の標準についても、前期課程は小学校と、後期課程は中学校と、それぞれ同等に算定することとされています。

2．一方、義務教育学校は、その課程は前期課程と後期課程に分かれるものの、あくまで一つの学校であることから、それぞれの課程のものとして算定された教員定数を、校内人事で実際の配置を変えることも可能です。

3．例えば、後期課程の理科として配置された教員について、中学校の理科教諭免許状を有している場合には小学校においても理科を指導することが可能であることから、前期課程における理科の専科教員として活用するなどの工夫が考えられます。

Q 28 義務教育学校の教員は、免許状の併有を原則としつつも、例外的な措置を設けるのはなぜですか。

A

1．義務教育学校は小学校・中学校の９年間の課程を一貫した教育を行う学校であることから、義務教育学校に配置される教員は、９年間の課程を見通した教育を行う力を有することが必要です。このため、義務教育学校の教員は、原則として、小学校及び中学校の教員の免許状を併有していることを必要としています。

2．しかしながら、平成26年時点で、小学校教員で中学校教員免許状を有する者は59.9％、中学校教員で小学校教員免許状を有する者は30.4％となっており、地域によっては非常に低い場合もあり、義務教育学校を設置する際、両免許状の併有者を十分に確保することが困難な事態が想定されます。

3．一方、義務教育学校では、基本的に、前期課程において小学校教育を、後期課程において中学校教育を施すことを目的としていることから、小学校教諭免許状を有するものであれば前期課程において、中学校教諭免許状を有するものであれば後期課程において、それぞれ十分な教育を行うことは可能であると考えられます。

4．以上のことから、義務教育学校制度の推進及び円滑な学校運営のため、当分の間、小学校教諭免許状を有するものであれば前期課程において、中学校教諭免許状を有するものであれば後期課程において、それぞれ指導を可能とする経過措置が設けられています。

【参照条文】教育職員免許法

（免許）

第三条　教育職員は、この法律により授与する各相当の免許状を有する者でなければならない。

２・３　（略）

４　義務教育学校の教員（養護又は栄養の指導及び管理をつかさどる主幹教諭、養護教諭、養護助教諭並びに栄養教諭を除く。）については、第一項の規定にかかわらず、小学校の教員の免許状及び中学校の教員の免許状を有する者でなければならない。

５・６　（略）

附　則

１～19　（略）

20　小学校の教諭の免許状又は中学校の教諭の免許状を有する者は、当分の間、第三条第一項、第二項及び第四項の規定にかかわらず、それぞれ義務教育学校の前期課程又は後期課程の主幹教諭（養護又は栄養の指導及び管理をつかさどる主幹教諭を除く。）、指導教諭、教諭又は講師となることができる。

〔参考〕小学校教員に占める中学校免許併有教員の割合

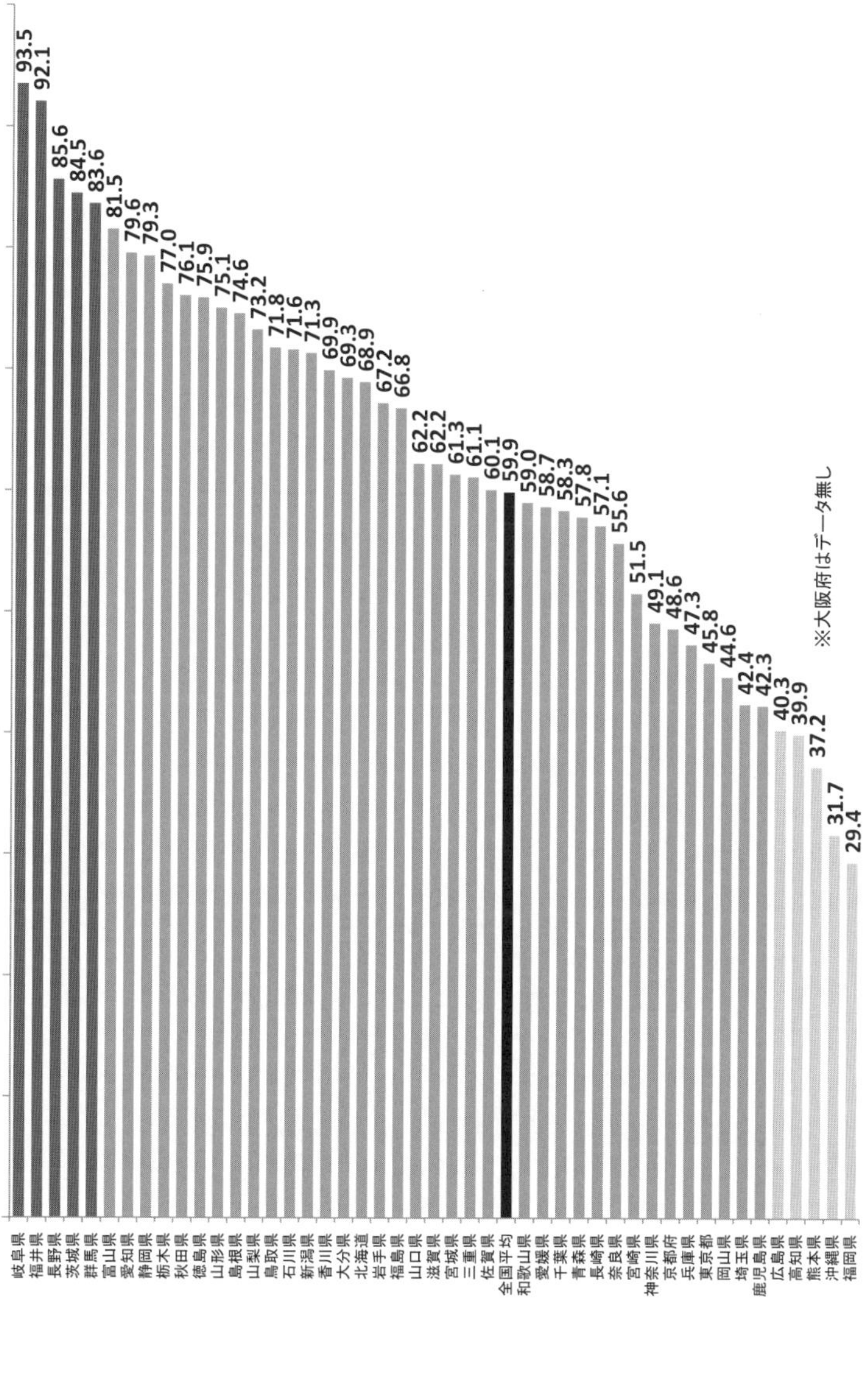

出典：文部科学省「小中一貫教育等についての実態調査（平成26年５月時点）」

〔参考〕中学校教員に占める小学校免許併有教員の割合

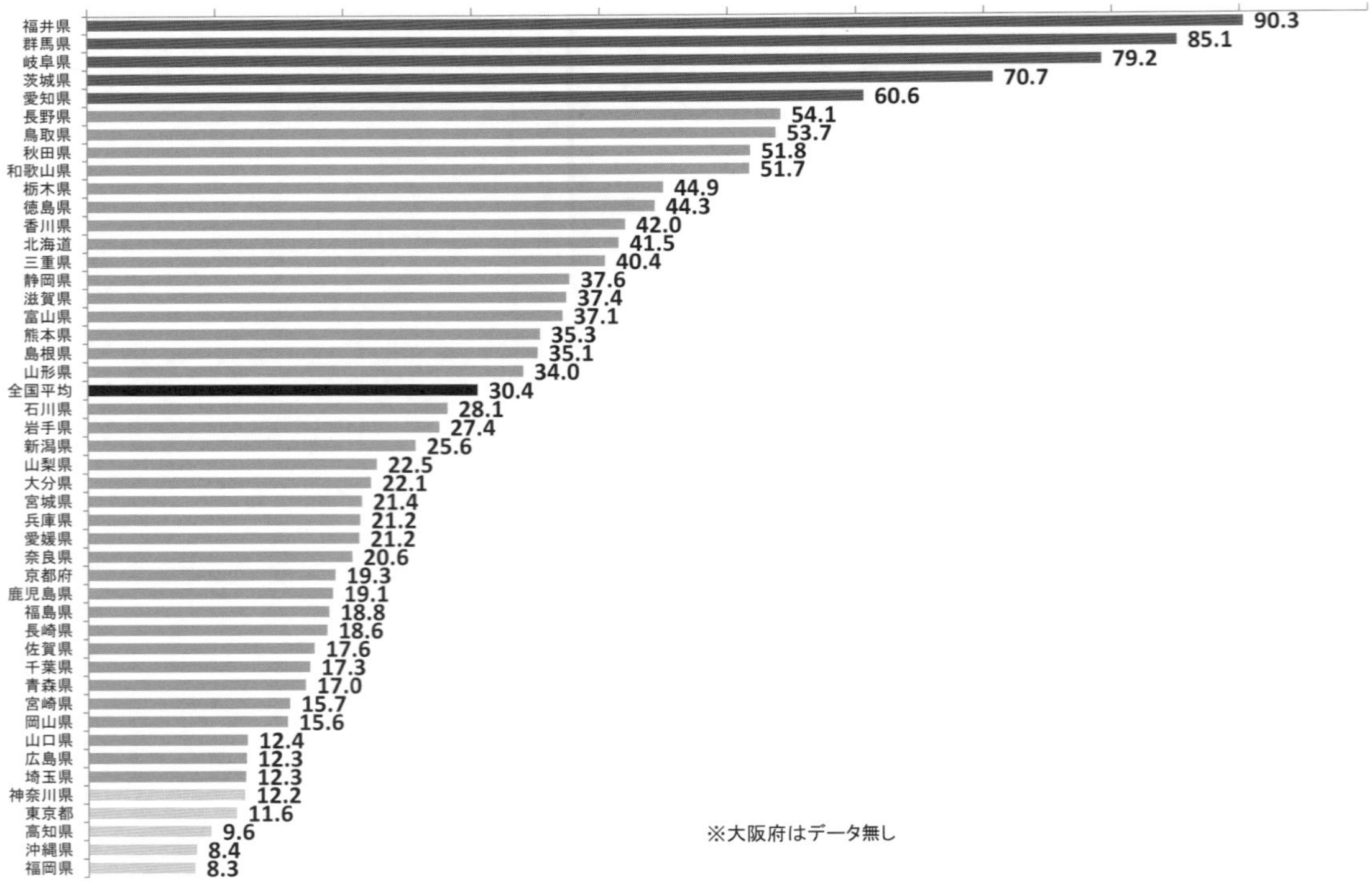

出典：文部科学省「小中一貫教育等についての実態調査（平成26年５月時点）」

Q29

当分の間、小学校・中学校の免許状を併有していない者も義務教育学校の教員になれるとされていますが、「当分の間」とはいつまでと理解したらよいですか。

A

1．「当分の間」の経過措置は、小学校教員免許状及び中学校教員免許状の併有者の割合の現状に鑑み、免許制度によって、各設置者における義務教育学校制度の選択肢が制限されることのないよう措置されているものです。

※小学校教員で中学校教員免許状を有する者：59.9％

中学校教員で小学校教員免許状を有する者：30.4％

（出典：文部科学省「小中一貫教育等についての実態調査（平成26年５月時点）」）

2．したがって、この経過措置は、

①　義務教育学校の整備がある一定の量的規模をもって安定するとともに、

②　その整備状況に応じ、必要な数の小・中免許状併有者が確保される

など、全国の義務教育学校の運営に支障が生じないと考えられる状況に至るまでは必要であると考えられます。

【参照条文】教育職員免許法

附　則

１～19　（略）

20　小学校の教諭の免許状又は中学校の教諭の免許状を有する者は、当分の間、第三条第一項、第二項及び第四項の規定にかかわらず、それぞれ義務教育学校の前期課程又は後期課程の主幹教諭（養護又は栄養の指導及び管理をつかさどる主幹教諭を除く。）、指導教諭、教諭又は講師となることができる。

Q30 小学校・中学校の免許状併有者が少ない場合、義務教育学校ではどのように工夫すればよいですか。

A

1．例えば、中学校の理科教諭免許状を持っている場合、小学校免許状を保有していなくとも、後期課程において、理科、道徳、総合的な学習の時間を担当できるほか、学級担任となり特別活動を行うことが可能です。

2．また、前期課程においても、

①　理科、総合的な学習の時間（理科に関する事項）

②　全教科でティーム・ティーチング活動におけるＴ２

③　全教科で習熟度別少人数指導における１グループの担当

などを行うことが可能であり、前期課程の学級担任となることも可能です。ただし、理科以外の教科を担当することはできません。

3．一方、小学校の教諭免許状を持っている場合は、中学校免許状を保有していなくとも、前期課程において、全教科、道徳、外国語活動、総合的な学習の時間を担当できるほか、学級担任となり特別活動を行うことが可能です。

4．また、後期課程においても、

①　全教科でティーム・ティーチング活動におけるＴ２

②　全教科で習熟度別少人数指導における１グループの担当

などを行うことが可能ですが、後期課程の学級担任となることはできません。

5．このように、小学校・中学校の免許状併有者が少ない場合であっても、様々な工夫が考えられます。

【参考】所有する免許状と担任できる教科等

	小学校					中学校			
	教科	道徳	外国語活動	総合的な学習の時間	特別活動	免許状の教科	道徳	総合的な学習の時間	特別活動
小・免許	○	○	○	○	○	×	×	×	×
中・免許	△*1	○	△*2	△*1	○	○	○	○	○

	義務教育学校								
	前期課程					後期課程			
	教科	道徳	外国語活動	総合的な学習の時間	特別活動	免許状の教科	道徳	総合的な学習の時間	特別活動
小・免許	○	○	○	○	○	×	×	×	×
中・免許	△*1	○	△*2	△*1	○	○	○	○	○

＊1　例えば、理科の教員免許状を所有する者は、小学校理科の担任が可能。また、総合的な学習の時間における理科に関連する事項の担任が可能。

＊2　英語の教員免許状を所有する者のみ、小学校の外国語活動の担任が可能。

ケース１：中学校の「理科」教諭免許状を持っている場合

○　①　義務教育学校（後期課程）の「理科」「道徳」「総合的な学習の時間」「特別活動」の担任が可能

○　②　義務教育学校（前期課程）の「理科」「総合的な学習の時間」（理科に関連する事項）「道徳」「特別活動」の担任が可能

⇒義務教育学校（前期課程・後期課程）の学級担任が可能

×　③　義務教育学校（前期課程）の「理科」以外の教科の担任は不可能

ケース２：小学校の教諭免許状を持っている場合

○　①　義務教育学校（前期課程）の「全教科」「道徳」「外国語活動」「総合的な学習の時間」「特別活動」の担任が可能

⇒義務教育学校（前期課程）の学級担任は可能

×　②　義務教育学校（後期課程）の「全教科」「道徳」「総合的な学習の時間」「特別活動」の担任は不可能

※相当の免許状を持っていない場合

○　①　義務教育学校（前期課程・後期課程）の

・「全教科」のティーム・ティーチング活動におけるＴ２

・全体の指導評価を行う免許状所有者の監督の下、習熟度別指導の１グループの担当は可能

Q31 他の学校種の教員免許状を取得する場合の仕組みはどのように変わったのですか。

A

1．今回の義務教育学校の制度化にあわせて、各設置者が義務教育学校の整備や小中一貫教育の充実を図ることとした場合に、小・中免許状の併有者の確保をより一層円滑に行えるよう、教育職員免許法施行規則が改正されました。

2．すでに、3年以上の勤務経験のある現職の教員が他校種の免許状を取得する場合、必要単位数が軽減されることとされていましたが、この制度に加えて、これまで必要とされていた3年の勤務経験に加え、取得予定の免許状に関する学校での勤務経験がある場合、当該勤務経験1年につき3単位を修得したものとみなして、修得必要単位数を軽減できるよう、制度改正されました（ただし、最低修得単位数の半数を限度とする）。

○　小学校教員が中学校教員免許状を取得するためには通常であれば22単位程度必要であるところ、3年の勤務経験がある場合は14単位で取得することが可能（教育職員免許法別表第8）。

○　中学校教員が小学校教員免許状を取得するためには通常であれば24単位程度必要であるところ、3年の勤務経験がある場合は12単位で取得することが可能（教育職員免許法別表第8）。

○　例えば、3年の勤務経験がある小学校教員が中学校教員免許状を取得するためには14単位必要だが、さらに義務教育学校における2年間の勤務経験がある場合、8単位（14単位－3単位×2年）で取得することが可能。

3．また、中学校又は高等学校の教諭の免許状を有する者が小学校又は義務教育学校の前期課程において担任できる範囲（現在は教科指導等に限定）として、道徳及び特別活動を加えることとされました。ただし、この場合において、任命権者又は雇用者は、当該教員に必要な研修を実施するよう努めなければなりません。

【参照条文】教育職員免許法施行規則

第十八条の二　免許法別表第八に規定する単位の修得方法は、次の表の定めるところによる。

（表・略）

備考

一～三　（略）

四　幼稚園、小学校若しくは中学校の教諭の二種免許状又は高等学校教諭の一種免許状の授与を受けようとする者について、免許法別表第八の第三欄に定める最低在職年数に加え、次の表の上欄に掲げる受けようとする免許状の種類に応じ、それぞれ同表の下欄に掲げる学校の教員として良好な成績で勤務した旨の実務証明責任者の証明を有する在職年数があるときは、三単位にその在職年数を乗じて得た単位数（免許法別表第八の第四欄に定める単位数のうちその半数までの単位数を限度とする。）を修得したものとみなして、この表を適用する。

（表・略）

第六十六条の三　免許法第十六条の五第一項に規定する教科に関する事項は、学校教育法施行規則第五十条第一項及び第百二十六条第一項に規定する外国語活動、同令第五十条第一項及び第百二十六条に規定する道徳、同令第五十条第一項及び第百二十六条第一項に規定する総合的な学習の時間、同令第五十条第一項及び百二十六条に規定する特別活動並びに同令第五十条第二項に規定する宗教とする。

2　免許法第十六条の五第二項に規定する教科に関する事項は、学校教育法施行規則第七十二条及び同令第百二十七条に規定する総合的な学習の時間とする。

3　任命権者又は雇用者は、免許法第十六条の五第一項の規定に基づき、第一項に規定する道徳又は特別活動の教授を担任する主幹教諭、指導教諭、教諭又は講師となる者に対し、必要な研修を実施するよう努めなければならない。

Q32

義務教育学校では、小学校段階の教職員と中学校段階の教職員が一つの学校に所属するわけですが、このことを学校運営上どのように活かしていったらよいですか。

A

【学習指導面】

1．小学校段階の教職員と中学校段階の教職員が一つの学校に所属することにより、

① 中学校の専門性を活かした指導を取り入れることにより、小学校段階での発展的な指導が充実する。習熟度別指導の中で発展的な内容を取り扱うグループを中学校教師が担当することで個に応じた指導が充実する

② 小学校でのきめ細かな指導技術を一部取り入れることにより、中学校段階の授業がより分かりやすくなったり、補充的な指導が充実したりする

③ 中学校の教員が教科の専門性を活かして小学校の「総合的な学習の時間」に参画することにより、授業の質が高まるとともに、教科担任制の下でやや取組が弱いとも指摘される中学校段階での「総合的な学習の時間」の充実につながる

④ 小学校の指導と中学校の指導の両方の経験を有する教員が増えていくことにより、教科等の系統性に対する理解が深まる。また、児童生徒が学習でつまずきやすいところを経験的に学ぶことができ、9年間を見通した教科指導が充実する

といったことが期待できます。

【生徒指導面】

2．また、小中一貫教育を行う学校においては、中学校教員による乗り入れ指導を行う中で多様な情報を集約したり、小学校・中学校段階の教職員が合同で生徒指導や子供理解に関する研修を行ったりする等の取組が容易になると考えられます。

3．特に、生徒指導組織に小学校段階・中学校段階の双方の教員が所属することが想定されることから、これらの強みを活かして、例えば、

①　学級担任制の良さを活かしつつ、チームで取り組む生徒指導の手法（例：複数対応での個別事情聴取など）を小学校高学年に取り入れる

②　中学校段階の教員が様々な形で小学校段階に乗り入れることにより、中学校段階での不登校につながる様々な萌芽的事象について小学校の教員と共有する

③　小学校段階の教員が中学校段階に乗り入れたり、教育相談に参加したりする中で、小学校時代の教師と子供との人間関係を前提としたきめ細かなフォローを行う

④　兄弟姉妹が学校段階を超えて在籍している場合に、それぞれの情報を共有することによってよりきめ細かな生徒指導に活かしていく

などの取組が可能となると考えられます。

Q33 小中一貫教育の課題として、「教職員が多忙化する」という意見がありますが、どのように考えたらよいですか。

A

1．今回の制度化の議論に先立って文部科学省が実施した実態調査によれば、小中一貫教育に取り組んでいる学校のうち、３割弱が「教職員の負担感・多忙感の解消」について「大きな課題が認められる」、６割弱が「課題が認められる」と回答している一方、負担軽減の取組に力を入れていると回答している学校は２割弱に留まっており、多忙化の解消は小中一貫教育の推進にあたって重要な課題であると考えられています。

2．この点について、小中一貫教育の制度化により、①これまで小学校・中学校が別々に行っていた事務を、一人の校長の下で教職員が一体的に行えるほか、②会議の見直し、次年度スケジュールの前倒し策定、学校事務職員と教員との役割分担の変更などにも取り組みやすくなると考えられます。

3．また、小中一貫教育の導入にあたっては、校長は、一部の教職員に過重な負担が生じないよう、校内での連携体制の構築や校務分掌の適正化など校務運営体制を見直し、校務の効率化を図るとともに、学校設置者は、学校における校務運営体制の見直しに係る取組が促進されるよう、校務支援システムの導入など適切な支援を行うことが期待されます。

Ⅳ　義務教育学校の施設

Q 34

義務教育学校の１校当たりの適正規模についてどのように考えたらよいですか。

A

１．公立小学校及び中学校の適正な学級規模については、学校教育法施行規則において、12～18学級と規定されています（１学年当たりの学級数に換算すると、小学校は２～３学級、中学校は４～６学級となります）。

２．この点、公立義務教育学校の適正規模について、仮に中学校基準で換算すると36～54学級となりますが、学校の規模が過大となると、

・学校行事において、一人ひとりが活躍する場や機会が少なくなること

・教員が、児童一人ひとりの個性や行動を把握することが困難となること

・特別教室やプールなどの割り当てや調整が難しくなること

などが考えられ、教育環境などの問題が顕在化し、教育活動に大きな制約が生じる可能性があります。

３．また、文部科学省は、従来、既存の小学校・中学校ともに31学級以上は過大規模校としていることから、一つの学校組織である義務教育学校についても、その適正規模として31学級を越えることは適当ではないと考えられます。

４．そこで、公立義務教育学校の適正規模については、小学校基準の１学年当たり２～３学級とすると、クラス替えができ、かつ過

大な規模を越えないため、９学年を合計した18～27学級とされています。

〔参考〕

○文部科学省「公立小学校・中学校の適正規模・適正配置等に関する手引」（平成27年１月27日）

【参照条文】学校教育法施行規則

第四十一条　小学校の学級数は、十二学級以上十八学級以下を標準とする。ただし、地域の実態その他により特別の事情のあるときは、この限りでない。

第七十九条　第四十一条から第四十九条まで、第五十条第二項、第五十四条から第六十八条までの規定は、中学校に準用する。（後略）

第七十九条の三　義務教育学校の学級数は、十八学級以上二十七学級以下を標準とする。ただし、地域の実態その他により特別の事情のあるときは、この限りでない。

Q35 義務教育学校の適正な通学距離についてどのように考えたらよいですか。

A

1．公立小学校及び中学校の適正な通学距離については、義務教育諸学校等の施設費の国庫負担等に関する法律施行令において、小学校で４キロメートル以内、中学校で６キロメートル以内との基準が定められています（※適正な学校規模にするための統合に伴う校舎等の新増築に必要な経費に係る国庫負担の条件としての公立の義務教育学校の適正な規模）。

2．一方、文部科学省が実施した「小中一貫教育等についての実態調査」（平成26年５月１日時点）の結果によると、義務教育学校に転換が容易と考えられる施設一体型及び施設隣接型等の小学校・中学校は、ほとんどが一小学校・一中学校であり、小学校区と中学校区が同一となっています。

3．このことを踏まえ、義務教育学校の通学距離については、中学校と同様のおおむね６キロメートル以内とされています。

4．なお、この場合、前期課程の一部の児童にとっては、小学校に通学する児童と比較して遠方から通学することとなり、負担が増加するおそれがあります。義務教育学校は、「教育上有益かつ適切であると認めるとき」に小学校・中学校に代えて設置するものですので（学校教育法第38条）、一部の児童生徒について自転車通学を認めたり、スクールバスを導入したりすることなども考慮した上、保護者などの理解と協力を得ながら、議会の審議・議決を経て設置するかどうか判断することが重要です。

〔参考〕

○文部科学省「公立小学校・中学校の適正規模・適正配置等に関する手引」(平成27年１月27日)

【参照条文】義務教育諸学校等の施設費の国庫負担等に関する法律施行令

(適正な学校規模の条件)

第四条　法第三条第一項第四号の適正な規模の条件は、次に掲げるものとする。

一　学級数が、小学校及び中学校にあつてはおおむね十二学級から十八学級まで、義務教育学校にあつてはおおむね十八学級から二十七学級までであること。

二　通学距離が、小学校にあつてはおおむね四キロメートル以内、中学校及び義務教育学校にあつてはおおむね六キロメートル以内であること。

２　(略)

３　統合後の学校の学級数又は通学距離が第一項第一号又は第二号に掲げる条件に適合しない場合においても、文部科学大臣が教育効果、交通の便その他の事情を考慮して適当と認めるときは、当該学級数又は通学距離は、同項第一号又は第二号に掲げる条件に適合するものとみなす。

Q36

地方公共団体において義務教育学校の施設を新設する場合、国庫補助はどの程度なされるのですか。また、小学校と中学校を統合して義務教育学校を設置する場合、その新設校舎に対して国庫補助はありますか。

A

1．公立の義務教育学校を新設する場合においては、教室不足を解消するための校舎又は屋内運動場の新築又は増築に要する経費の２分の１を国が負担することとしています。

2．また、公立の小学校と中学校を統合して義務教育学校を設置する場合においては、校舎又は屋内運動場の新築又は増築に要する経費の２分の１を国が負担することとしています。

【参照条文】義務教育諸学校等の施設費の国庫負担等に関する法律

（国の負担）

第三条　国は、政令で定める限度において、次の各号に掲げる経費について、その一部を負担する。この場合において、その負担割合は、それぞれ当該各号に定める割合によるものとする。

一　公立の小学校、中学校（第二号の二に該当する中学校を除く。同号を除き、以下同じ。）及び義務教育学校における教室の不足を解消するための校舎の新築又は増築（買収その他これに準ずる方法による取得を含む。以下同じ。）に要する経費　二分の一

二　公立の小学校、中学校及び義務教育学校の屋内運動場の新築又は増築に要する経費　二分の一

二の二・三　（略）

四　公立の小学校、中学校及び義務教育学校を適正な規模にするため統合しようとすることに伴つて必要となり、又は統合したことに伴つて必要となつた校舎又は屋内運動場の新築又は増築に要する経費　二分の一

2　前項第一号の教室の不足の範囲及び同項第四号の適正な規模の条件は、政令で定める。

Q37

施設一体型の義務教育学校を設置するにあたって、設置基準や施設整備指針の観点などから、注意すべきことがあれば教えてください。

A

1．義務教育学校は、小学校･中学校と同様の目的を実現するため、小学校及び中学校の学習指導要領を準用して教育活動を行う学校であることに鑑み、前期課程については小学校設置基準・小学校施設整備指針を、後期課程については中学校設置基準・中学校施設整備指針をそれぞれ準用します。

2．しかし、校舎及び運動場については、設置基準において「地域の実態その他により特別の事情があり、かつ、教育上支障がない場合は、この限りではない」とするとともに、小学校・中学校で共用することを認めているため、実際の面積と児童生徒数によっては、義務教育学校設置前と比べ相対的に狭くなるケースも考えられます。

3．小中一貫教育の実施にあたっては、運動場などの施設の共用により教育上支障が生じることのないよう、教頭や教務主任が責任を持って、授業の割当てや調整を行うことが必要です。

〔参考〕

○小中一貫教育に適した学校施設の在り方について～子供たちの９年間の学びを支える施設環境の充実に向けて～

（平成27年７月　学校施設の在り方に関する調査研究協力者会議）

【参照条文１】小学校設置基準

（校舎及び運動場の面積等）

第八条　校舎及び運動場の面積は、法令に特別の定めがある場合を除き、別表に定める面積以上とする。ただし、地域の実態その他により特別の事情があり、かつ、教育上支障がない場合は、この限りでない。

２　（略）

【参照条文２】中学校設置基準

（校舎及び運動場の面積等）

第八条　校舎及び運動場の面積は、法令に特別の定めがある場合を除き、別表に定める面積以上とする。ただし、地域の実態その他により特別の事情があり、かつ、教育上支障がない場合は、この限りでない。

２　（略）

Q38 どれだけ校舎が離れていても義務教育学校とすることができるのですか。

A

1．義務教育学校の校舎については、省令において、小学校・中学校と同様、同一の敷地内又は隣接する位置に設けることを原則としています。ただし、地域の実態その他により特別の事情があり、かつ、教育上及び安全上支障がない場合は、分離して設置することができることとしています。

2．したがって、施設分離型の義務教育学校の設置について、校舎間の距離で一律に規制することはありませんが、設置者においては、地域の実態や教育上・安全上の観点、保護者や地域住民のニーズ等を踏まえ、適切に判断することが求められます。

○　教育上の観点の例

・マネジメント体制の在り方

・教職員間の意思疎通の在り方

・相互乗入授業の在り方

・異学年交流の在り方

【参照条文１】学校教育法施行規則

第七十九条の二　義務教育学校の前期課程の設備、編制その他設置に関する事項については、小学校設置基準の規定を準用する。

2　義務教育学校の後期課程の設備、編制その他設置に関する事項については、中学校設置基準の規定を準用する。

【参照条文２】小学校設置基準

（校舎及び運動場の面積等）

第八条　（略）

2　校舎及び運動場は、同一の敷地内又は隣接する位置に設けるものとする。ただし、地域の実態その他により特別の事情があり、かつ、教育上及び安全上支障がない場合は、その他の適当な位置にこれを設けることができる。

【参照条文３】中学校設置基準

（校舎及び運動場の面積等）

第八条　（略）

2　校舎及び運動場は、同一の敷地内又は隣接する位置に設けるものとする。ただし、地域の実態その他により特別の事情があり、かつ、教育上及び安全上支障がない場合は、その他の適当な位置にこれを設けることができる。

Q39

既存の小学校と中学校の施設を活用して、施設分離型の義務教育学校とする場合、４年生までを旧小学校施設、５年生～９年生までを旧中学校施設で運営することは可能ですか。

A

1．隣接していない異なる敷地に建っている施設を活用し、義務教育学校の児童生徒が分かれた形で教育活動を行うことは法令上妨げられていません。

例えば、旧小学校施設は１年生～６年生の児童が使用する、あるいは、旧中学校施設は７年生～９年生の生徒が使用するという制約はなく、１年生～４年生までを旧小学校施設、５年生～９年生までを旧中学校施設で運営することも可能です。

2．他方、階段の蹴り上げの寸法などについて、前期課程の施設については、小学校の基準が、後期課程の施設については中学校の基準がそれぞれ準用されることから、この場合において、旧中学校施設が５、６年生にも対応したものになっているかの確認が必要です。

3．なお、既存の小学校と中学校の施設を活用する場合であっても、文部科学省が実施した「小中一貫教育等についての実態調査」（平成26年５月１日時点）の結果によると、小中一貫教育を実施している学校の８割程度が施設分離型の形態となっています。

Ⅴ　併設型小学校・中学校及び連携型小学校・中学校

Q 40　中教審答申の「小中一貫型小学校・中学校（仮称）」は、どのように制度化されたのですか。

A

1．中教審答申では、制度化以前の小中一貫教育の多様な形態に鑑み、新たな学校の種類となる「小中一貫教育学校（仮称）」と、組織上独立した小学校及び中学校が、「小中一貫教育学校（仮称）」に準じた形で一貫した教育を施す「小中一貫型小学校・中学校（仮称）」を提言されています。

2．この提言を踏まえ、新たな学校の種類となる「小中一貫教育学校（仮称）」については、学校教育法の改正により、「義務教育学校」として制度化されるとともに、組織上独立した小学校及び中学校が、「小中一貫教育学校（仮称）」に準じた形で一貫した教育を施す「小中一貫型小学校・中学校（仮称）」については、学校教育法施行規則の改正により、「中学校併設型小学校・小学校併設型中学校」（併設型小学校・中学校）及び「中学校連携型小学校・小学校連携型中学校」（連携型小学校・中学校）として制度化されました。

【参照条文】学校教育法施行規則

第五十二条の二　小学校（第七十九条の九第二項に規定する中学校併設型小学校を除く。）においては、中学校における教育との一貫性に配慮した教育を施すため、当該小学校の設置者が当該中学校の設置者との協議に基づき定めるところにより、教育課程を編成することができる。

2　前項の規定により教育課程を編成する小学校（以下「中学校連携型小学校」という。）は、第七十四条の二第一項の規定により教育課程を編成する中学校と連携し、その教育課程を実施するものとする。

第七十四条の二　中学校（併設型中学校、第七十五条第二項に規定する連携型中学校及び第七十九条の九第二項に規定する小学校併設型中学校を除く。）においては、小学校における教育との一貫性に配慮した教育を施すため、当該中学校の設置者が当該小学校の設置者との協議に基づき定めるところにより、教育課程を編成することができる。

2　前項の規定により教育課程を編成する中学校（以下「小学校連携型中学校」という。）は、中学校連携型小学校と連携し、その教育課程を実施するものとする。

第七十九条の九　同一の設置者が設置する小学校（中学校連携型小学校を除く。）及び中学校（併設型中学校、小学校連携型中学校及び連携型中学校を除く。）においては、義務教育学校に準じて、小学校における教育と中学校における教育を一貫して施すことができる。

2　前項の規定により中学校における教育と一貫した教育を施す小学校（以下「中学校併設型小学校」という。）及び同項の規定により小学校における教育と一貫した教育を施す中学校（以下「小学校併設型中学校」という。）においては、小学校における教育と中学校における教育を一貫して施すためにふさわしい運営の仕組みを整えるものとする。

Q 41 設置者が異なる連携型小学校・中学校とはどのような学校ですか。

A

1．連携型小学校･中学校とは、設置者の異なる小学校と中学校が、両設置者の協議に基づき定めるところにより、お互いの教育との一貫性に配慮した教育課程が編成された学校です。

2．多くの場合、一貫して教育を行おうとする小学校と中学校の設置者は同一であると考えられますが、設置者の異なる小学校と中学校が一貫した教育を行おうとする場合も少数ながら想定されることから、そのような場合に適用される仕組として，連携型小学校・中学校の制度が設けられました。
（例：市区町村の境界をまたぐ形で集落があり、当該集落の子供が通学する小学校と中学校を異なる設置者で設置しているケースなど）

3．一定の教育課程の特例が認められており、各教科、道徳、外国語活動、総合的な学習の時間及び特別活動の授業時数から、小学校連携型中学校の教育課程を編成するために特に必要な教科等（小中一貫教科等）の授業時数に充てることができますが、学年段階や学校段階を超えた指導内容の入替え等を行いたい場合には、教育課程特例に関する文部科学省への申請が別途必要となります。

4．なお、連携型小学校・中学校においては、学校同士の関係性や学校間の距離等について多様な組み合わせが考えられることから、省令上、一律に教育を一貫して施すためにふさわしい運営の仕組を整えることとする旨の規定は設けられていませんが、併設型小学校・中学校におけるふさわしい運営の仕組みも参考に、小中一貫教育の実質が担保されるような運営体制を整備することが期待されます。

【参照条文】学校教育法施行規則

第五十二条の二　小学校（第七十九条の九第二項に規定する中学校併設型小学校を除く。）においては、中学校における教育との一貫性に配慮した教育を施すため、当該小学校の設置者が当該中学校の設置者との協議に基づき定めるところにより、教育課程を編成することができる。

2　前項の規定により教育課程を編成する小学校（以下「中学校連携型小学校」という。）は、第七十四条の二第一項の規定により教育課程を編成する中学校と連携し、その教育課程を実施するものとする。

第七十四条の二　中学校（併設型中学校、第七十五条第二項に規定する連携型中学校及び第七十九条の九第二項に規定する小学校併設型中学校を除く。）においては、小学校における教育との一貫性に配慮した教育を施すため、当該中学校の設置者が当該小学校の設置者との協議に基づき定めるところにより、教育課程を編成することができる。

2　前項の規定により教育課程を編成する中学校（以下「小学校連携型中学校」という。）は、中学校連携型小学校と連携し、その教育課程を実施するものとする。

Q 42 義務教育学校と小中一貫型小学校・中学校（併設型小学校・中学校や連携型小学校・中学校）との違いは何ですか。

A

1．義務教育学校も、いわゆる小中一貫型小学校・中学校（併設型小学校・中学校及び連携型小学校・中学校）も、小中一貫教育を行う学校という点では同じであり、小中一貫教科等の設定や指導内容の入替え・移行などの教育課程の特例が認められています。

2．一方、義務教育学校は一つの学校であるのに対し、小中一貫型小学校・中学校は、組織上独立した小学校及び中学校であることから

① 修業年限：

義務教育学校は９年、小中一貫型小学校・中学校は小学校６年と中学校３年

② 組　　織：

義務教育学校は一人の校長の下一つの教員組織、小中一貫型小学校・中学校は、小学校・中学校それぞれに校長と教員組織

③ 教員免許：

義務教育学校は原則として小学校と中学校の両方の免許状を併有、小中一貫型小学校・中学校は所属する学校種の免許状を保有すれば十分

といった違いがあります。

〔参考〕小中一貫教育に関する制度の類型

	義務教育学校	小中一貫型小学校・中学校 中学校併設型小学校 小学校併設型中学校	小中一貫型小学校・中学校 中学校連携型小学校 小学校連携型中学校
設置者	—	同一の設置者	異なる設置者
修業年限	9年 （前期課程6年＋後期課程3年）	小学校6年、中学校3年	
組織・運営	一人の校長、一つの教職員組織	それぞれの学校に校長、教職員組織 小学校と中学校における教育を一貫して施すためにふさわしい運営の仕組みを整えることが要件 ① 関係校を一体的にマネジメントする組織を設け、学校間の総合調整を担う校長を定め、必要な権限を教育委員会から委任する ② 学校運営協議会を関係校に合同で設置し、一体的な教育課程の編成に関する基本的な方針を承認する手続を明確にする ③ 一体的なマネジメントを可能とする観点から、小学校と中学校の管理職を含め全教職員を併任させる	中学校併設型小学校と小学校併設型中学校を参考に、適切な運営体制を整備すること
免許	原則小学校・中学校の両免許状を併有 ※ 当分の間は小学校免許状で前期課程、中学校免許状で後期課程の指導が可能	所属する学校の免許状を保有していること	
教育課程	・9年間の教育目標の設定 ・9年間の系統性・体系性に配慮がなされている教育課程の編成		
教育課程の特例：一貫教育に必要な独自教科の設定	○	○	○
教育課程の特例：指導内容の入替え・移行	○	○	×
施設形態	施設一体型 ・ 施設隣接型 ・ 施設分離型		
設置基準	前期課程は小学校設置基準、 後期課程は中学校設置基準を準用	小学校には小学校設置基準、中学校には中学校設置基準を適用	
標準規模	18学級以上27学級以下	小学校、中学校それぞれ12学級以上18学級以下	
通学距離	おおむね6km以内	小学校はおおむね4km以内、中学校はおおむね6km以内	

Q43

併設型小学校・中学校で小中一貫教育を行うために、ふさわしい運営の仕組みとはどのようなものですか。

A

1．併設型小学校・中学校においては、小学校と中学校の組織文化の違いや３校以上の学校が連携・接続する形態があり得ること、一般的な小中連携と明確に区別する必要があることを踏まえ、小学校教育と中学校教育を一貫して施すためにふさわしい運営の仕組みを整えるものとするとされています。

2．具体的には、例えば、

① 関係校を一体的にマネジメントする組織を設け、学校間の総合調整を担う校長を定め、必要な権限を教育委員会から委任すること

② 学校運営協議会を関係校に合同で設置し、一体的な教育課程の編成に関する基本的な方針を承認する手続を明確にすること

③ 一体的なマネジメントを可能とする観点から、小学校と中学校の管理職を含め全教職員を併任させる等の措置を講じること

などが考えられます。

【参照条文】学校教育法施行規則

第七十九条の九　（略）

2　前項の規定により中学校における教育と一貫した教育を施す小学校（以下「中学校併設型小学校」という。）及び同項の規定により小学校における教育と一貫した教育を施す中学校（以下「小学校併設型中学校」という。）においては、小学校における教育と中学校における教育を一貫して施すためにふさわしい運営の仕組みを整えるものとする。

Q 44 既存の小学校・中学校を併設型小学校・中学校に移行させる場合に必要な手続は何ですか。

A

1．併設型小学校及び併設型中学校は、学校の種類としてはあくまで小学校及び中学校であることから、既存の小学校及び中学校を廃止して新たな学校として設置する必要はなく、公立学校の場合であれば設置条例を、私立学校の場合であれば学校法人が定める寄附行為を改正する必要はありません。

2．一方、当該小学校及び中学校が併設型の小中一貫教育を施すものであることを明らかにする必要があることから、公立学校の場合には教育委員会規則において、私立学校の場合には学校法人が定める学則において、国立学校の場合には大学の学則（附属学校規程）において、その旨を定めることが必要となります。

Q45

１小１中の組み合わせを、義務教育学校と併設型小学校・中学校のどちらに移行すべきか迷っています。どのように考えたらよいですか。

A

1．義務教育学校と併設型小学校・中学校では、９年間の教育目標の設定、９年間の系統性を確保した教育課程の編成が必要であること、一貫教育の実施に必要な教育課程の特例の活用が可能であることなどについては、同等であるのに対し、

○　義務教育学校は一人の校長の下一つの教員組織であるのに対し、併設型小学校・中学校は、あくまで小学校・中学校それぞれに校長と教員組織があること

○　義務教育学校では、教員は原則として小学校及び中学校の免許状の併有が必要であるのに対し、併設型小学校・中学校では教員は所属する学校の免許状を保有すれば十分であること

○　併設型小学校・中学校では、学校評価や学校運営協議会の設置など法律上学校ごとに実施することが定められているものは、小学校・中学校それぞれで実施する必要があること

といった違いがあります。

2．このような違いを踏まえると、小中一貫教育を行う上での義務教育学校のメリットは考慮しつつ、例えば、

○　元の小学校・中学校の施設を活かすような場合で、両施設が大きく離れているため、一人の校長の下で教員組織を指揮するのが困難である場合

○　免許状の併有者が少ない場合

○　元の小学校・中学校があった地域コミュニティの活動がそれ

ぞれ活発であり、それぞれの学校運営協議会を今後も活かしていく場合

等には、併設型小学校・中学校とするといったことが考えられます。

3．いずれにせよ、小中一貫教育の導入は、子供たちにとってより良い教育環境を整備するという教育的見地を中心に据え、地域住民や保護者とビジョンを共有しつつ検討することが期待されます。

Q46

当面、義務教育学校にも併設型小学校・中学校にも移行する予定はありませんが、これまで通り、小中一貫教育を実施していると対外的に説明することは可能ですか。

A

1．今回の小中一貫教育の制度化は、小中一貫教育の主体を義務教育学校、併設型小学校・中学校、連携型小学校・中学校に限定するという趣旨ではなく、教育主体・教育活動・学校マネジメントの一貫性を確保し、継続性・安定性を担保した総合的かつ効果的な小中一貫教育の取組の実施を可能とするものです。

2．したがって、義務教育学校、併設型小学校・中学校、連携型小学校・中学校に移行しなくても、これまで通り、小中一貫教育を実施していくことは問題ありません。

3．他方、設置者の判断により、小中一貫教育の軸となる独自教科の設定や、学年段階を越えた指導内容の入替えなどを可能とする教育課程の特例を活用できるのは、制度化された義務教育学校、併設型小学校・中学校、連携型小学校・中学校となります。

Q 47

同一設置者の下で、義務教育学校や併設型小学校・中学校以外の形で小中一貫教育を行うこと（例えば、小学校と義務教育学校の後期課程による小中一貫教育）は可能ですか。

A

1．例えば、ある１中学校・２小学校からなる中学校区で小中一貫教育を実施する場合において、この三つの学校を統合して一つの義務教育学校とする、あるいは、三つの学校からなる併設型小学校・中学校とすることなく、１小学校・１中学校を義務教育学校とし、残りの小学校をそのまま既存の小学校として残すことは制度上妨げられてはいません。

2．この場合において、当該義務教育学校と小学校が協議して、９年間を通じた共通の目標を設定したり、９年間を見通した共通のカリキュラムを編成することなどにより、運用上小中一貫教育を実施することが可能です。

3．他方、制度化された小中一貫教育は、義務教育学校、併設型小学校・中学校、連携型小学校・中学校となることから、当該小学校において、小中一貫教育の軸となる独自教科の設定や、学年段階を越えた指導内容の入替えなどを可能とする教育課程の特例を活用することはできません。

4．したがって、例えば、当該義務教育学校の前期課程において小中一貫教育の軸となる独自教科を設定する場合において、当該小学校においても同様の独自教科を設定する場合には、既存の教育課程特例制度を活用し、個別に文部科学大臣の認可を受ける必要があります。

Q48

ある小学校の卒業生が複数の中学校に進学するような学区で小中一貫教育を行いたいと考えているのですが、どのようにすることが考えられますか。

A

1．ある小学校の卒業生の全員が一つの中学校に進学する学区となっていなくとも、当該小学校と中学校を併設型小学校・中学校とすることは可能です。

2．他方、当該小学校において、当該中学校への進学が予定されている児童とその他の中学校への進学が予定されている児童とで、学習内容に著しい差が生じたり、その他の中学校に進学した生徒がその中学校において円滑に適応できないようなことは適切ではありません。

3．したがって、ある小学校の卒業生の全員が一つの中学校に進学する学区となっていないような場合には、関係する小学校、中学校すべてを併設型小学校・中学校とし、9年間を通じた共通の目標を設定したり、9年間を見通した共通のカリキュラムを編成することが望ましいと考えられます。

〔イメージ〕

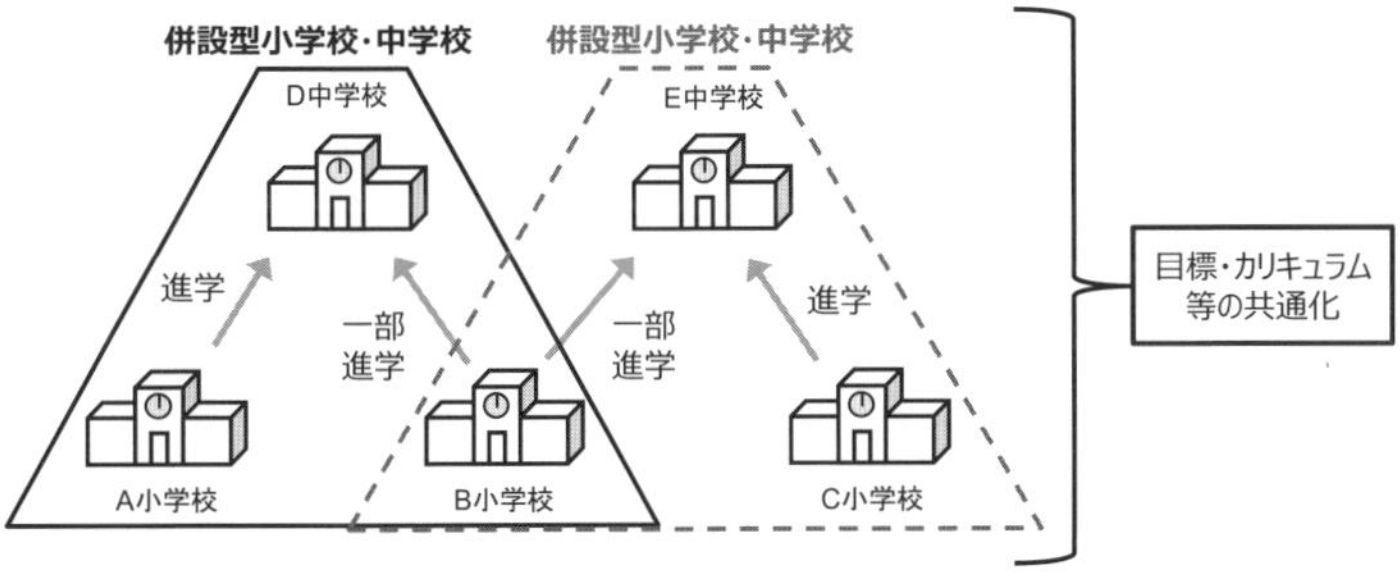

Ⅵ　教育課程の特例

Q49 義務教育学校、併設型小学校・中学校、連携型小学校・中学校の教育課程の特例の内容はどのようになりますか。

A

1．義務教育学校の教育課程は、前期課程及び後期課程に、それぞれ小学校学習指導要領及び中学校学習指導要領が準用されるとともに、小中一貫教育の円滑な実施に必要となる一定の範囲内で、設置者の判断で活用可能な教育課程の特例が適用されます。

2．また、義務教育学校と同様に小中一貫教育を行う併設型小学校・中学校と連携型小学校・中学校についても、設置者の判断で活用可能な教育課程の特例が適用されます。

3．義務教育学校及び併設型小学校・中学校に適用される教育課程の特例は同じ内容であり（義務教育学校並びに中学校併設型小学校及び小学校併設型中学校の教育課程の基準の特例を定める件）、

①　小中一貫教育の教育課程を編成するために特に必要な教科等（小中一貫教科等）の設定

②　小学校段階・中学校段階を越えた指導内容の入替え、移行

③　小学校段階・中学校段階における学年間の指導内容の後送り又は前倒し

が可能となります。

4．他方、連携型小学校・中学校に適用される教育課程の特例は、上記のうち、①の小中一貫教育の教育課程を編成するために特に必要な教科等（小中一貫教科等）の設定のみとなります（中学校連携型小学校及び小学校連携型中学校の教育課程の基準の特例を

定める件)。

〔参考〕教育課程の特例

	義務教育学校	併設型小学校・中学校	連携型小学校・中学校
小中一貫教科等の設定	○	○	○
小学校段階及び中学校段階における各教科等の内容のうち相互に関連するものの入替え	○	○	×
小学校段階の指導内容の中学校段階への後送り	○	○	×
中学校段階の指導内容の小学校段階への前倒し	○	○	×
小学校段階における学年間の指導内容の後送り又は前倒し	○	○	×
中学校段階における学年間の指導内容の後送り又は前倒し	○	○	×

Q50 教育課程の特例について、注意すべき点は何ですか。

A

1．義務教育学校、併設型小学校・中学校、連携型小学校・中学校においては、小中一貫教育の円滑な実施に必要となる一定の範囲内で、設置者の判断で活用可能な教育課程の特例が適用されます。

2．一方、これらの小中一貫教育を実施する学校であっても、小学校・中学校と同様、義務教育の機会の均等が確保されることが求められることから、設置者の判断で教育課程の特例を活用する場合には、以下の要件をすべて満たす必要があります。

① ９年間の計画的かつ継続的な教育を施すものであること

② 学習指導要領に定められている内容事項が教育課程全体を通じて適切に取り扱われていること

③ 内容事項を指導するための授業時数として、学校教育法施行規則に定める各教科等の授業時数の標準を踏まえた相当の授業時数が、教育課程全体を通じて、適切に確保されていること

④ 児童又は生徒の発達の段階並びに小学校教科等又は中学校教科等の特性に応じた内容の系統性及び体系性に配慮がなされていること

⑤ 保護者の経済的負担への配慮その他の義務教育における機会均等の観点からの適切な配慮がなされていること

⑥ 児童生徒の転出入に対する配慮などの教育上必要な配慮がなされていること

Q51　新たに創設された教育課程の特例が適用される場合、これまで受けていた教育課程の特例はどのようになりますか。

A

1．新たに創設された教育課程の特例と同様の特例を実施したい場合については、今後、設置者の判断で実施が可能となることから、教育課程特例校制度の活用が不要となります。

2．したがって、これまで小中一貫教育に関する内容で教育課程特例校の指定を受けていた学校については、新制度への移行に伴い、教育課程特例校について廃止の申請を行うことが必要です。ただし、直ちに小中一貫教育制度へ移行しない学校や、今後一定期間の後に小中一貫教育に係る教育課程の特例を実施しないこととする学校については、一定の移行措置期間を設ける旨の変更の申請を行うことが必要となります。

3．なお、義務教育学校や小中一貫型小学校・中学校においても、各課程における独自教科等の設置やイマージョン教育など、新たに創設された小中一貫教育の特例の範囲に当てはまらない内容については、引き続き教育課程特例校制度の対象となります。

Q52 教育課程の特例を受ける場合、使用する教科書の排列と合わない場合がありますが、どのように考えたらよいですか。

A

1．義務教育学校においては、小学校・中学校の学習指導要領を準用して教育課程が編制されることから、教科書についても、義務教育学校独自の教科書は作成されず、小学校・中学校の教科書を使用して教育することが基本となります。

2．義務教育学校や小中一貫型の小学校・中学校においては、学年段階を越えた指導内容の入替えや、小中一貫教育の軸となる独自教科の設定などの教育課程の特例を設置者の判断で実施することが可能ですが、その際、例えば、指導内容の入替えを行う場合には、従来の特例校制度により教育課程を実施する場合と同様、上学年用の教科書を下学年の児童生徒に早期に無償給与することが可能です。また、独自教科を設定する場合については、各学校において、そのための教材を検定教科書とは別途作成したり、購入したりすることが必要となります。

Q53

義務教育学校や小中一貫型小学校・中学校以外の形で小中一貫教育を行う場合（例えば、小学校と義務教育学校の後期課程による小中一貫教育）、教育課程の特例はどうなりますか。

A

1．義務教育学校、併設型小学校・中学校、連携型小学校・中学校以外の形で小中一貫教育を行う場合には、新たに制度化された、設置者の判断で活用可能な教育課程の特例は適用されません。

2．義務教育学校、併設型小学校・中学校、連携型小学校・中学校以外の形で小中一貫教育を行うにあたって、教育課程の特例を実施したい場合には、これまでと同様、教育課程特例校制度で対応することとなります。該当する取組を行いたい市区町村は、教育課程特例校制度に基づく個別の大臣指定について申請をすることが必要となります。

Q54 義務教育学校の指導要録はどのようになりますか。

A

1．指導要録の様式については、各設置者において作成するものですが、文部科学省は、各設置者における指導要録の様式の設定にあたっての検討に資するため、小学校、中学校、高等学校、特別支援学校のそれぞれについて、指導要録の「参考様式」を示しています。

2．義務教育学校の教育課程は、前期課程及び後期課程にそれぞれ小学校学習指導要領及び中学校学習指導要領が準用されることから、指導要録も前期課程においては小学校の、後期課程においては中学校の参考様式を参照し、各設置者において様式を作成することが必要となります。

Q 55

小中一貫教育の課題として、一部に「小学校高学年におけるリーダー性の育成が難しい」という意見もありますが、どのように考えたらよいですか。

A

1．小学校・中学校段階を一貫した教育が行われることにより、従来であれば小学校の最終学年となる６年生が、中学校段階の３学年の下位の学年であるという意識を持つことで、リーダー性の育成が困難になるのではないかという指摘があります。

2．しかしながら、小中一貫教育の先行事例においては、小学校・中学校段階間の段差の代わりに、環境の変化を活用して子供の成長を促す仕組みとして、

・運動会や学芸会などの分割実施
・区切りを意識させる儀式的行事（２分の１成人式など）の開催
・校舎やフロアの区分による成長段階の演出
・各行事の中で高学年がリーダーシップを発揮する機会の意図的な設定

などの工夫が行われており、こうした中でリーダー性を育成することが考えられます。

3．また、単純に区切りに応じてすべての教育活動を分けるというよりは、段差の総量を調整するという発想もあります。例えば、始業式と終業式、入学式や進級式は小中合同で行いつつ、運動会や文化祭、制服や私服の別はこれまで通り６・３の区切りで行ったり、６年の前期課程修了式、９年の卒業式は別日開催にしたりするなど、小学校６年生相当の学年の出番を確保し、リーダー性の育成を重視することも考えられます。

Ⅶ　小中一貫教育の導入

Q56

> すべての小学校・中学校において、小中一貫教育を行うべきなのですか（今後は、国全体で小中一貫教育を推進していくという方向なのですか）。

A

1．小中一貫教育は平成12年以来、長年にわたり地方教育行政・学校現場における成果の蓄積があった上で、正式な制度として位置づけられました。いわば効果が実証された上での制度改革であり、先進事例を適切に学習し、地域や子供の実態に応じてカリキュラムや指導方法をデザインすれば、大きな成果を上げることができる取組といえます。

2．一方で、全国各地の状況を眺めてみると、

① 小中一貫教育が求められる背景（例：いわゆる中１ギャップ、社会性育成機能の低下など）が教育上の課題として顕在化していない地域

② 学校選択制と組み合わせるなどして、既存の小学校・中学校をベースとして特色ある取組を行うことを希望する地域

③ 多数の児童が私立中学や中等教育学校、併設型中高一貫校などに進学する地域

など、多様な地域の特性が存在します。このことも踏まえ、国においては、全市区町村に対して小中一貫教育の導入を義務付けたり、既存の小学校・中学校を廃止して、義務教育学校だけを設置するよう求めることは検討されませんでした。

3．他方、平成18～19年の教育基本法改正や学校教育法改正によ

り、義務教育の目的・目標が設けられたことなどを踏まえれば、義務教育学校や小中一貫型小学校・中学校という制度的な形をとるかどうかは別として、小学校・中学校が協力し合って、一貫した継続的な指導を行うことは、すべての自治体・すべての学校において必要なことであると考えられます。

Q57 小中一貫教育を行う学校に転出入する児童生徒に対するサポートはどのように考えたらよいですか。

A

1．転出入する子供へのサポートは極めて重要であり、義務教育学校をはじめ、「6－3」と異なる学年段階の区切りを設けている学校や、教育課程の特例を活用する学校においては、転出入先の学校と綿密な引継ぎを行うとともに、児童生徒や保護者に対しきめ細かに対応することが重要となります。

2．こうしたサポートは個々の子供の実態やニーズを踏まえて行うべきものですので、一概には言えませんが、特に特例的なカリキュラムを組む学校においては、以下のような点も参考にしつつ、実態に応じて適切な対応を行うことが望まれます。

① 指導要録に、当該児童生徒が先取りして学習した事項や学習しなかった事項などを具体的に記載する

② 申し送りにあたっては、転出入時やその直前の学年での出来事だけでなく、それ以前に起きた事柄でも、重要なものがある場合には、きめ細かく行う

③ 教科書の対応ページを記載するなど、通常の教育課程との違いを具体的に分かりやすく示した資料をあらかじめ備えておく

④ 質問や心配事の有無を確認した上で、使用している教科書や教材などを示しながら、教育課程の特色や違いについて、丁寧なガイダンスを行う

⑤ 転出校でスクールカウンセラーやスクールソーシャルワーカーが相談を実施していた場合には、その所見をまとめた資料を作成し活用する

⑥　特に、特別な支援を要する児童生徒については、転出入後も連携して迅速に対応できるよう、管理職や学級担任、専門家等の担当者間であらかじめ連絡先を交換しておくなどの措置をとる

Q58 小中一貫教育とコミュニティ・スクールの推進との関係について、どのように考えたらよいですか。

A

1．コミュニティ・スクールは、地域や保護者の意見や要望等を学校運営に反映する仕組みと言えます。そして、地域の方々から見れば、地域にある小学校・中学校はともに大切な存在であり、保護者の方々から見れば、子供たちを義務教育９年の間に通わせる重要な場所であると考えた場合、中学校区を単位にして、９年間を見通して学校教育を充実させる取組の一つとしてコミュニティ・スクールを推進することは、地域の方々、保護者の方々双方にとって大きな意味を持つものと考えます。

2．また、学校が抱える課題が複雑化・多様化（例：貧困家庭で育つ児童生徒、特別な支援を要する児童生徒や外国籍児童生徒の増加）する中、教員個人の努力や学年単位での努力、学校単位の努力だけでは十分な対応が困難という認識が広がりつつあり、より組織的・継続的な取組として小中一貫教育が導入されている側面があります。このような「従来の組織体制のままでは立ちゆかない」という現状認識は、コミュニティ・スクールをはじめ「地域と共にある学校づくり」が求められる背景とも軌を一にするものです。

3．小中一貫教育とコミュニティ・スクールを一体的に導入することにより、保護者、地域住民と教職員とが、学校・子供が抱える課題やその解決策を９年間を見通して共有し、より広い地域からの組織的・継続的な学校支援体制を整えることが可能となります。これは、地域の支援を小学校と中学校の間で断絶させない仕掛けとも言えます。

4．なお、小中一貫の最大の課題としては教職員への負担が挙げられることも多いわけですが、コミュニティ・スクールが、地域住民や保護者からの様々な支援を促進する方向で機能すれば、教職員が子供と向き合う時間を確保することにもつながり、小中一貫に付随する課題の緩和や解消にもつながることが期待されます。

5．以上のように、様々な観点から小中一貫教育とコミュニティ・スクールは親和性が強いものであり、一体的な推進の意義は極めて大きいと言えます。

Q59 小中一貫教育を導入する際、PTA組織や学校支援組織をどのようにしていったらよいですか。

A

1．小中一貫に取り組む上では、PTA組織についても必要な見直しを行っていくことが適当です。特に義務教育学校や１小１中から構成される施設一体型又は施設隣接型の併設型小学校・中学校においては、PTA組織も学校支援組織も一体化していくことが考えられます。

2．１～９年までの保護者が様々な行事や活動に関わることにより、子供同士の異学年交流のみならず、保護者同士の交流の活発化も見込めるため、例えば上級学年の保護者から先々のことを聞くことにより、９年間の見通しを持って家庭教育を充実させるといった効果も期待できます。小中双方に子供が在籍する保護者も一定数いるため、PTA活動の一体化は保護者負担の軽減につながる側面もあります。

3．また、複数の小学校が含まれる併設型小学校・中学校においては、PTA自体は学校毎に残しつつ、例えば家庭教育学級を中学校区統一のテーマで行ったり、「おやじの会」などが合同でキャンプを実施したり、小中一貫に関わる協議は合同で行うことにより効率化を図るなど、活動レベルで連携を強化するといった工夫も考えられます。

Q 60　「チームとしての学校の在り方」が話題になっていますが、小中一貫教育との関係について教えてください。

A

1．小中一貫教育において重要なことは、義務教育終了段階での目指す子供像を設定し、その実現に向け、教職員の共通認識の下、効果が見込める取組を９年間発展的に継続させるということです。共通認識に基づいて取り組むということや人が替わっても継続して取り組むということは「チームとしての取組」にほかなりません。

2．もとより、平成18年に全面改正された教育基本法は「学校においては教育の目標が達成されるよう…体系的な教育が組織的に行われなければならない」としています。小中一貫教育の取組は、こうした教育基本法の「チーム学校」的な要請を小学校・中学校段階を一貫させて徹底することを求めるものであるとも言えます。

3．また、学校が抱える課題が複雑化・多様化（例：貧困家庭で育つ児童生徒、特別な支援を要する児童生徒や外国籍児童生徒の増加）する中、教員個人の努力や学年単位での努力、従来の学校組織の努力だけでは十分な対応が困難という認識が広がりつつあり、より組織的・継続的な取組の必要性が痛感される中で小中一貫教育が導入されている側面があります。このような「従来の組織体制のままでは立ちゆかない」という現状認識は中央教育審議会答申において、チーム学校の取組が求められた背景とも軌を一にするものです。

Q61

小中一貫教育と保幼小連携との関係について、どのように考えたらよいですか。

A

1．義務教育修了段階の子供たちの状況を見通しながら、関係者が連携して教育活動を高度化させていくという観点からは、小中一貫教育と併せて、幼児教育と小学校教育の円滑な接続を進めていくことも重要であると言えます。一方、国の実態調査の結果においては、小中一貫教育に取り組んでいる学校のうち、「幼小の接続を見通した教育課程の編成・実施」に至っていない例が全体の９割近くを占めていたところであり、今般の小中一貫教育の制度化を契機として、一層の改善が期待されます。

2．次期幼稚園教育要領や学習指導要領の検討では、「幼児期の終わりまでに育ってほしい姿」を明確にすることで、幼稚園における指導の改善・充実を図るとともに、小学校でも「幼児期の終わりまでに育ってほしい姿」を踏まえた上で、スタートカリキュラムを通じて各教科等の特性に応じた資質・能力を育むことが議論されています。また、「幼児期の終わりまでに育ってほしい姿」は、保育所等においても共有される方向で検討されています。

3．こうした動きを踏まえれば、小中一貫校においては、中学校区全体の子供たちの課題を各年齢別に整理し、共有した上で、幼稚園等と小学校それぞれが歩み寄りながら、双方の教育活動の間に「接続期」を意図的に設定するとともに、幼稚園等のカリキュラムと小学校１年でのスタートカリキュラムを一体的に整備することが期待されると言えます。

4．なお、小中一貫教育の制度化を提言した中央教育審議会においては、幼・保・小の連携を強化する中で、障害やその可能性のある幼児児童の早期発見・早期支援の取組を徹底したり、小学校入学前に小学校教員が園の見学や子供たちの観察を行って、生活や学習に困難のある子供たちの状況を的確に把握したりする取組を行い、初年度の学級編成や指導計画にその結果を反映している事例が報告されていました。こうした取組は小中一貫教育の基盤を強化することにつながると言えます。

Q 62 小中高一貫教育を行うことはできるのですか。

A

1．中高一貫教育や小中一貫教育は、各設置者における実績が積み上がって制度化されたものですが、小・中・高の一貫教育については、学校の種類として制度化すべきとの具体的な要望もなく、また、高校3年生と小学校1年生という発達段階上大きな差のある児童生徒を同じ学校で教育することには様々な課題もあると考えられます。

2．この点について、小中一貫教育の制度化を提言した中央教育審議会の答申においては、中長期的によりよい学制を考えていく観点から、全国各地における様々な一貫教育や連携教育の成果や課題を定期的にフォローアップしつつ、研究開発学校制度なども活用しながら、中高一貫教育と小中一貫教育の関係などに関する研究を進めていく必要性が指摘されています。

3．なお、運用上の取組として、例えば小中一貫教育を行う学校と同一設置者が設置する高等学校、小学校と同一設置者が設置する中高一貫教育校、また、私立学校など同一設置者が設置する小学校·中学校·高等学校などの組み合わせにおいて、事実上カリキュラムの一貫性を持たせて取り組みを行うことが考えられます。その中で特例的なカリキュラムの編成が必要な場合は、上述のとおり、研究開発学校や教育課程特例校の指定が必要となります。

Ⅷ　その他

Q 63

小中一貫教育といっても取組は千差万別だと思いますが、取組が上手くいっていないところの特徴を教えてください。

A

1．小中一貫教育を構想する上で最も重要なことは、小中一貫教育はより良い教育を実現するための「手段」であって、それ自体が「目的」ではないということです。この点を疎かにした取組は、大きな成果につながらないばかりでなく徒労感や多忙感を増大させることにもなりかねません。全国の取り組みの中には、残念ながらそうした例も散見されますし、全域での小中一貫教育の実施を標榜している自治体の中にも、意義を十分に理解し積極的に取り組んでいる学校が一部に留まっている事例も見られます。

2．これから小中一貫教育の導入を検討する各設置者・学校においては、一般論に陥らないことが重要です。例えば、小中一貫教育が取り組まれる背景とされている事柄についても、どの程度目の前の地域や学校、子供たちの実態に当てはまるかを分析するとともに、それら以外にどのような事柄を考慮に入れる必要があるのかを検討する必要があります。あくまでも目の前の地域の実情や子供たちの学びや育ちの現状と課題をデータも含めて的確に把握し、それらの課題の解決のための「効果的な手段」として小中一貫教育を構想することが大切です。

3．なお、国の実態調査（平成26年５月時点）において、小中一貫教育を実施していると回答した1,130件について、典型的な取組６項目をすべて実施している80校と、全く実施していない77校を比較したところ、「全国学力・学習状況調査」の平均正答率に極めて大きな差がありました。児童生徒の交流や合同行事などのイベント的な取り組みを小中一貫と称して行っている例も見られますが、児童生徒の実態を的確に踏まえ、効果の期待される取組を総合的に行うことが肝要であると言えます。

〔典型的な取組項目〕

① ９年間を見通した学校教育目標の設定

② 各教科別に９年間の系統性を整理したカリキュラム

③ 学年段階の区切りの柔軟な設定（４－３－２、５－４など）

④ 教科担任制の実施

⑤ 乗り入れ授業の実施

⑥ 責任体制の明確化（一人の校長が小学校・中学校を兼務、学校間の総合調整を担う校長を定める）

〔参考〕小中一貫教育の典型的な取組と学力との相関【小学校】

小中一貫教育を実施していると回答した1130件について、典型的な取組６項目を全て実施している122校と、全く実施していない157校の平均正答率を比較した。

① ９年間を見通した学校教育目標の設定
② 各教科別に９年間の系統性を整理したカリキュラム
③ 学年段階の区切りの柔軟な設定（４－３－２、５－４等）
④ 教科担任制の実施
⑤ 乗り入れ授業の実施
⑥ 責任体制の明確化（一人の校長が小・中学校を兼務、学校間の総合調整を担う校長を定める）

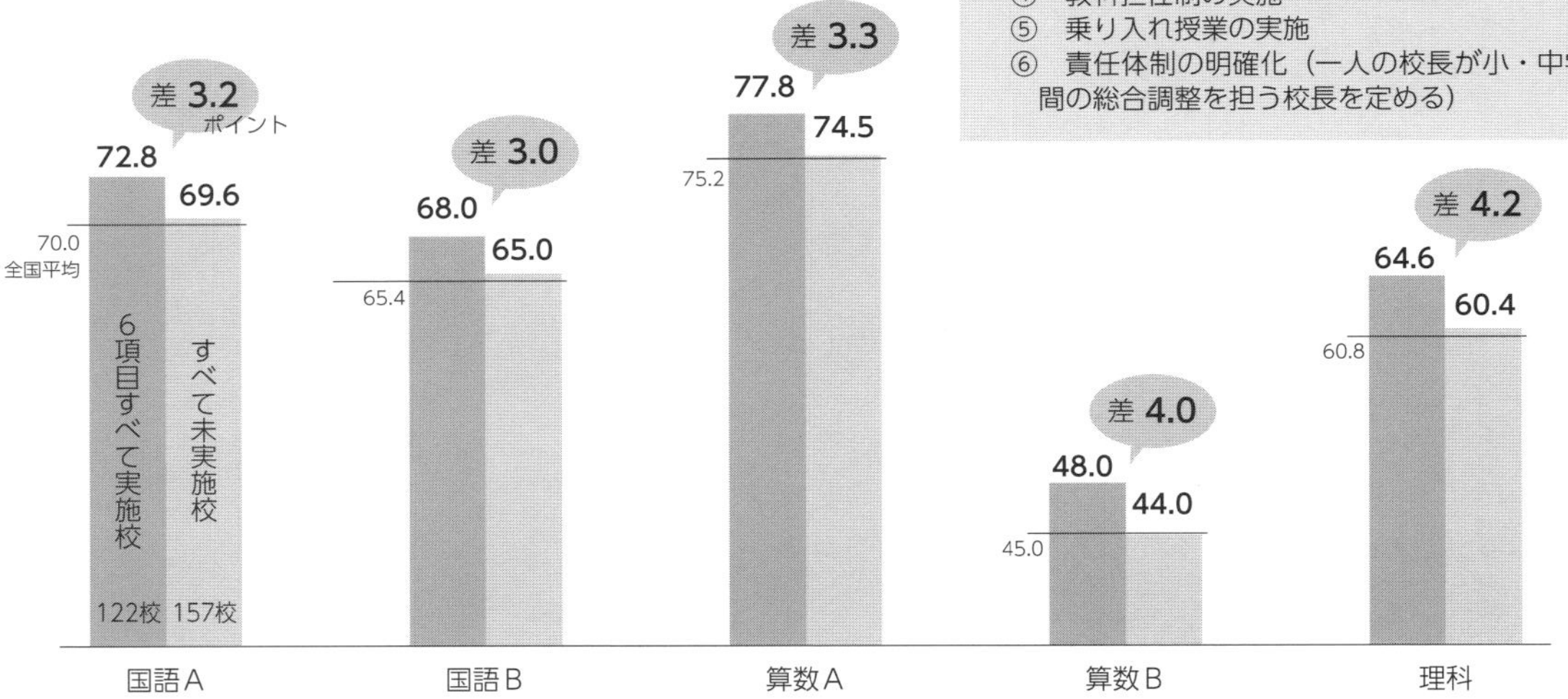

出典：文部科学省「平成27年度　全国学力・学習状況調査」、同「小中一貫教育等についての実態調査（平成26年５月時点）」

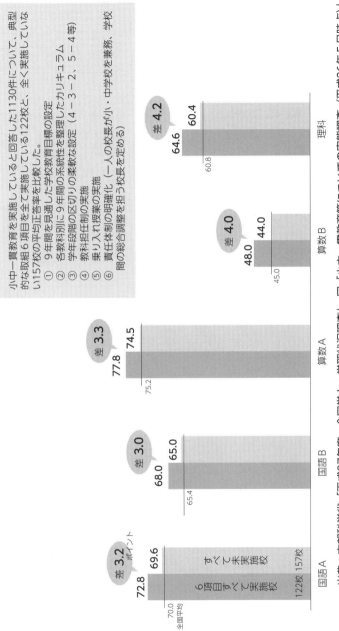

〔参考〕小中一貫教育の典型的な取組と学力との相関【中学校】

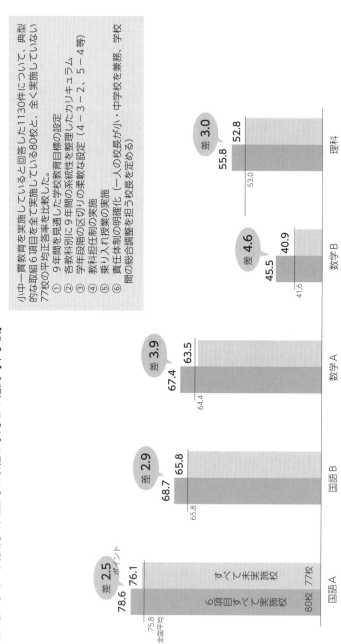

小中一貫教育を実施していると回答した1130件について、典型的な取組６項目を全て実施している80校と、全く実施していない77校の平均正答率を比較した。

① ９年間を見通した学校教育目標の設定
② 各教科別に９年間の系統性を整理したカリキュラム
③ 学年段階の区切りの柔軟な設定（４－３－２、５－４等）
④ 教科担任制の実施
⑤ 乗り入れ授業の実施
⑥ 責任体制の明確化（一人の校長が小・中学校を兼務、学校間の総合調整を担う校長を定める）

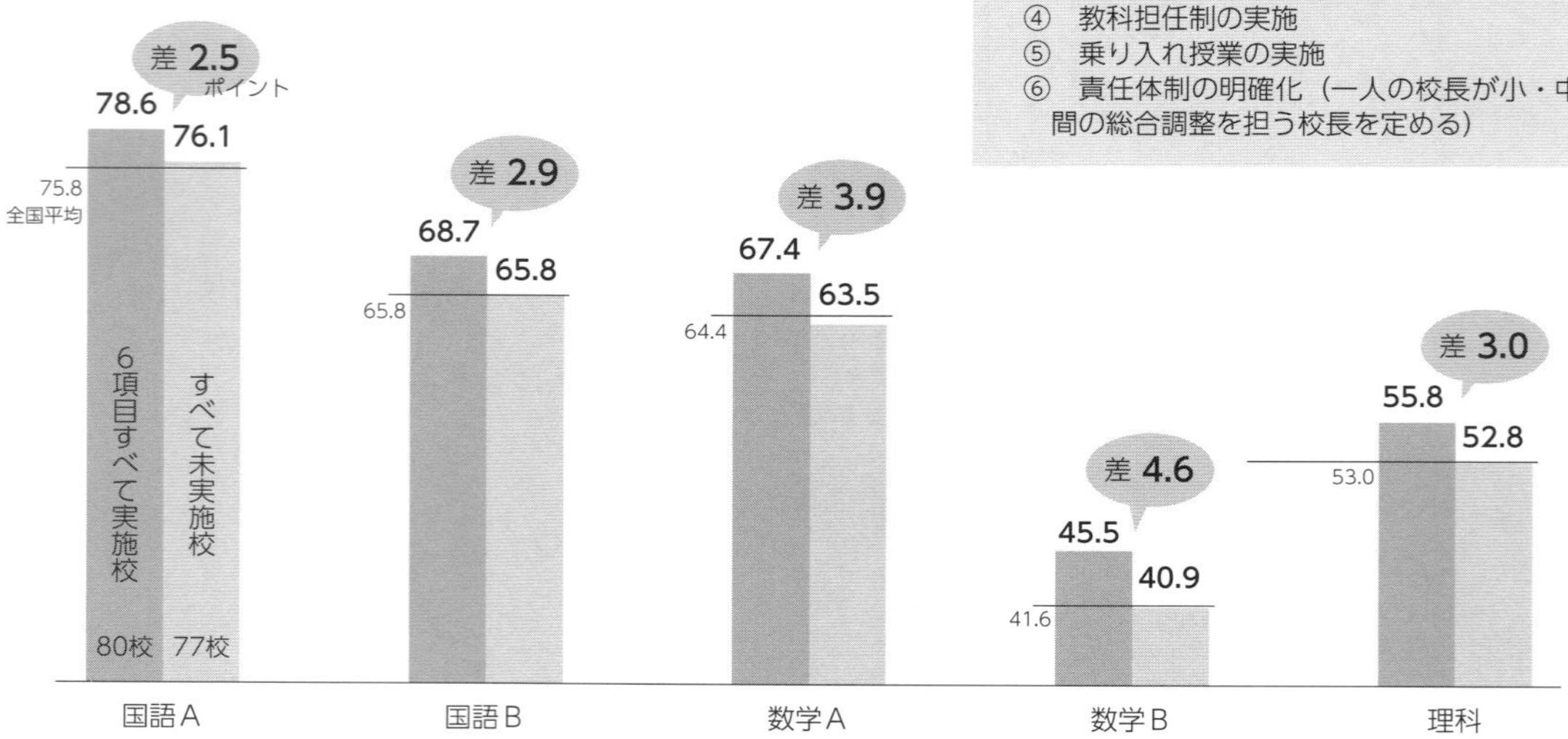

出典：文部科学省「平成27年度　全国学力・学習状況調査」、同「小中一貫教育等についての実態調査（平成26年５月時点）」

Q 64　小中一貫教育の推進にあたり、設置者である教育委員会はどのような役割を果たすべきですか。

A

1．小中一貫教育の導入経緯は様々ですし、市区町村教育委員会が果たすべき役割も広範に亘るので一概には言えませんが、例えば下記のような柱を意識して取り組むことは、どの教育委員会であっても必要ではないかと考えられます。

① 小中一貫教育を課題解決のための手段として構想すること。特に、導入にあたって、学校統合が付随する場合は、児童生徒の実態を踏まえて確固たる教育論をもって推進すること。課題を抽出するにあたっては教職員や保護者・地域住民の生の声を取り入れること

② 小中一貫教育が単なる合同行事やイベントで終わることのないよう、導入にあたっては、中長期的なものを含め、望ましい児童生徒像・学校像を現状との比較で明確なビジョンとして示すこと

③ 小中一貫教育は本質的に息の長い取組であることを正しく認識し、取組の発展的継続に意を用いること。特に人事にあたっては、管理職同士の相性や管理職と中核となる教員の相性には配慮するとともに、管理職が交代する際は、新たに赴任する管理職に、これまでの成果と課題を踏まえた明確なミッションを与えること

④ 乗り入れ指導や小学校高学年における教科担任制の導入にあたって必要がある場合は、都道府県教育委員会とも連携し、設置者として責任を持って後補充教員の加配等を措置すること

⑤　小中一貫教育の導入に伴い教職員の負担が過度なものとならないよう、教育委員会が取り組むべきことと学校が改善できることを整理し、教育委員会でなければできないことについては、工程表を作るなどして着実な改善を図ること

⑥　小中一貫教育の導入にあたり、教育の機会均等に留意すること。例えば全域で小中一貫教育を導入することも考えられますし、それが難しい場合にも、小中一貫教育の取組の結果蓄積される小学校・中学校段階の接続に関する望ましい取組について、積極的に他の小学校・中学校にも普及させること

Q 65

小中一貫教育の推進にあたり、都道府県教育委員会はどのような役割を果たすべきですか。

A

1．これまで小中一貫教育は設置者の主体的な取組によって推進されてきた面が強く、都道府県教育委員会による指導・助言・援助は、一部の例外を除いて必ずしも組織的・継続的になされてきたとは言えません。このたび小中一貫教育が正式な学校制度として位置づけられたことを踏まえ、域内の教育の質の維持向上に責任を有する都道府県教育委員会においては、市区町村の主体的な取組を奨励しつつ、その創意工夫を促進する観点から適切な支援を行うことが期待されます。

2．具体的な支援の態様は地域や学校の実情にもよるので、一概に言えませんが、下記のような項目については共通的に留意する必要があると考えられます。

○　免許状併有の促進

免許併有率の低さが小中一貫教育推進の障害とならないよう、他校種免許状の取得のための免許法認定講習の積極的な開講やその質の向上に努めるとともに、教員の採用にあたって免許状の取得状況を考慮したり、大学に両免許状の取得促進を働き掛けたりするなど、免許状の併有率に関する具体的な目標を設定し、必要な措置を計画的に講ずること。

○　人事上の措置

小中一貫教育の成否は、管理職のみならず一人ひとりの教職員が小中一貫教育の理念や目標を理解し、チームとして取組を行えるかどうかにかかっています。こうした取組の実現に向け、例えば下記のような取組を行うことも考えられます。

① 特に併設型小学校・中学校については、管理職同士の相性に配慮した人事を行うこと、全教職員の兼務発令を積極的に行い、一貫教育を担う意識を高めること（免許を併有していなくとも兼務発令は可能）

② 小中一貫教育を担当している教員はある程度継続的に小中一貫教育に取り組む学校の間で人事異動させたり、中核となる管理職･教職員の異動年限を柔軟に取り扱ったりするなど、取組の継続性や発展性に配慮すること

③ 初任から一定期間内に隣接校種での勤務を義務付けることとするなど、中長期的な小中一貫教育のための取組を行うこと

なお、言わずもがなですが、学校教育法改正時の衆参両院の附帯決議を踏まえれば、小学校と中学校が統合されて義務教育学校が設置される場合には、校長定数１人分の副校長又は教頭定数への振替も含め、十分な教職員定数の確保が行われるようにすることが必要です。

○ 教職員研修

小学校・中学校教員の相互乗り入れ授業や９年間を見通した生徒指導の在り方、９年間一貫した教育課程の組み方などに関する実践的な研修が必要ですが、市区町村の規模によっては自前の研修を行うのが難しい場合もあります。市区町村の主体性を尊重する観点からも、そのニーズを十分に聴き取った上で、協力して共催で研修を行うことも考えられます。

Q 66 小中一貫教育において、今後推進が期待される取組としてどのようなものがあるのですか。

A

1．小中一貫教育は取組の経緯も具体的な内容も多種多様であるため、国として一律に推進が期待される事柄を示すことはしていませんが、国の実態調査によれば小中一貫教育は全体として顕著な成果を上げているものの、いわゆる学力向上に関しては生徒指導上の成果や教職員の意識改革などの成果と比べ、やや成果を認識している学校が少ない現状があります。

2．このことについては、例えば文部科学省の委託研究（お茶の水女子大学）の成果によれば、家庭の社会経済的背景（SES）が子供の学力格差を生んでいる実態とともに、SESによる学力格差を一定程度抑え込んでいる学校に共通して見られる特長として、教科の指導内容や指導方法において小学校と中学校とが積極的に連携を図っているという実態が明らかになりました。小中一貫教育は、小学校・中学校の教職員が一体となって、効果が期待できる取組を９年間発展的に継続していく仕組でもあります。地域や学校の実態などによりますが、「本人の責任の及ばない理由で不利な立場に置かれている子どもたちへの教育を充実する」観点から小中一貫教育を構想することも考えられます。

3．その際、学習方略の指導という観点に着目することも有用かも知れません。「上手な勉強法が分からない」子供の割合が小学校６年から中学校１年になる段階で急増することが明らかになっています。また、「繰り返し書いて覚える」、「声に出して覚える」、「図や表に書いて覚える」、「分からない言葉を辞書で調べる」、「今勉強していることを既に知っていることと関連づける」、「何が分かっていないかを確かめながら勉強する」、「間違えた問題をやり直す」といった基本的な学習スキルを大多数の子供たちが身に付けていないというデータもあります（ベネッセ教育研究開発センター「小中学生の学びに関する実態調査」（速報版）2014年10月）

4．学習指導要領解説は「児童（生徒）が主体的に学習を進められるようになるためには、学習内容のみならず、学習方法への注意を促し、それぞれの児童（生徒）が自分にふさわしい学習方法を模索するような態度を育てることも必要となる。そのための児童（生徒）からの相談にも個別に応じることが望まれる」としていますが、多くの学校で取り組まれているとは言えません。小中一貫教育を行う学校においては、その特性を生かし、中学校段階を見据えつつ、小学校段階から計画的に学習方略・学習スキルの育成を図るカリキュラムを組んだりすることも考えられます。

Q 67　これから小中一貫教育の導入を考えたいのですが、まずどのようなことから検討したらよいですか。

A

1．小中一貫教育を構想する上で最も重要なことは、小中一貫教育はより良い教育を実現するための「手段」であって、それ自体が「目的」ではないということです。この点を疎かにした取組は、大きな成果につながらないばかりでなく徒労感や多忙感を増大させることにもなりかねません。全国の取組の中には、そうした例も見られますし、全域での小中一貫教育を標榜している自治体の中にも、意義を十分に理解し積極的に取り組んでいる学校が一部に留まっている事例も見られます。

2．これから小中一貫教育の導入を検討する各設置者・学校におかれては、まず何のために小中一貫教育を行うのかをきちんと整理し、共有することが重要です。例えば、中１ギャップにしても、目の前の地域や学校、子供たちの実態に当てはまるかデータを取って分析することが大事です。小中一貫が求められる背景に関わるデータを国がまとめていますので、それらの質問紙項目を参考に目の前の中学校区のデータを取ってみることも有効です。また、教職員や保護者が普段から感じている課題を率直に出し合って整理することも重要となります。

3．こうしたプロセスを通じて、目の前の地域の実情や子供たちの学びや育ちの現状と課題を的確に把握し、それらの課題の解決のための「効果的な手段」として小中一貫教育を構想することが大切です。

Q 68

小中一貫教育の導入に慎重な方々が一部におられます。どのように対応したらよいですか。

A

1．小中一貫教育の導入は、学校の在り方や学校と地域との関わりの在り方を大きく変えるものでもあることから、不安を持つ方々が一定数出ることはむしろ当然と言えます。このため、慎重論には正面から向き合ってその解消に図ることが重要です。

2．小中一貫教育の導入に伴う懸念としては、「子供たちの人間関係や相互の評価を固定化するのではないか」、「小学校高学年におけるリーダー性の育成が阻害されるのではないか」、「転出入する児童生徒への対応をどうするのか」といった児童生徒に与える影響への懸念や、小学校課程と中学校課程の教員打ち合わせ時間や小中合同の研修をどう確保するのか、また導入によって教職員が多忙化するのではないかといった小中一貫教育の実施に伴う時間の確保等を懸念する声があります。また、学校の統廃合が絡む場合には跡地利用や学校と地域コミュニティとの関係の維持なども課題になる場合があります。

3．一般的に小中一貫教育の課題として想定されるものであっても、これまでの小中一貫教育の取組において、現場では相当の工夫がされているものもありますし、一部の学校にしか当てはまらない課題や必要以上に問題点が強調されている課題もあります。導入を検討している市区町村や学校においては、地域の実情や子供たちや学校の実態に即して、冷静に課題となるかどうか、またその程度はどのくらいであるのか見極める必要があります。

4．実際に課題を見極めることができた後は、先行事例を踏まえつつ、課題の緩和又は解消のための方策を整理し、それらを小中一貫教育の導入に慎重な方々に分かりやすい形で説明すればよいでしょう。小中一貫教育は既に15年以上にわたる地方教育行政や学校現場での蓄積があるため、一般に指摘される課題に対する考え方や対応策は蓄積されています。過度に心配する必要はありません。なお、特に学校の統廃合に伴う課題の解消については、文部科学省が作成した「公立小学校・中学校の適正規模・適正配置等に関する手引」に懇切丁寧な記載がありますし、付属している実態調査の結果も参考になるものと思われます。

Ⅸ　参考資料

○小中一貫教育の制度化に関する主な経緯

平成17年10月	中央教育審議会答申（「新しい時代の義務教育を創造する」）： 　義務教育を中心とする学校種間の連携・接続を改善するための仕組みを検討する必要性を提言（設置者判断による９年制義務教育学校を設置の可能性や、カリキュラム区分の弾力化など）。
平成19年12月	教育再生会議・第３次報告： 　小中一貫教育の推進・制度化について提言。
平成21年５月	教育再生懇談会： 　小中一貫教育の取組を踏まえた義務教育学校の法的な位置付けの明確化に関し、早急な検討を提言。
平成24年７月	中教審作業部会報告（『小中連携、一貫教育に関する主な意見等の整理』）： 　①　教育課程の特例を、設置者判断で活用できる制度を創設すべき 　②「義務教育学校（仮称）」の創設は、慎重な検討が必要
平成26年７月	教育再生実行会議第５次提言において、小中一貫教育学校（仮称）の制度化が提言。
平成26年12月	中央教育審議会において答申（「子供の発達や学習者の意欲・能力等に応じた柔軟かつ効果的な教育システムの構築について」）
平成27年２月	「小中一貫教育等についての実態調査」の結果を公表
平成27年３月	「学校教育法等の一部を改正する法律案」を第189回国会へ提出 　総審議時間17時間35分（衆議院８時間45分、参議院８時間50分）
平成27年６月17日	「学校教育法等の一部を改正する法律案」の成立 【賛成】 （衆議院）自由民主党、民主党･無所属クラブ、維新の党、公明党、次世代の党、生活の党と山本太郎となかまたち （参議院）自由民主党、民主党・新緑風会、公明党、維

	新の党、日本を元気にする会・無所属会、次世代の党、無所属クラブ、生活の党と山本太郎となかまたち、新党改革・無所属の会等 【反対】 （衆議院）日本共産党、社会民主党・市民連合 （参議院）日本共産党、社会民主党・護憲連合等
平成27年６月24日	「学校教育法等の一部を改正する法律」の公布
平成27年12月16日	「学校教育法等の一部を改正する法律の施行に伴う関係政令の整備に関する政令」の公布
平成28年３月22日	「学校教育法等の一部を改正する法律の施行に伴う関係省令の整備に関する省令」等の公布
平成28年４月１日	「学校教育法等の一部を改正する法律」及び関係政省令・告示の施行

○今後の学制等の在り方について（第五次提言）（抄）

平成26年７月３日
教育再生実行会議

１．子供の発達に応じた教育の充実、様々な挑戦を可能にする制度の柔軟化など、新しい時代にふさわしい学制を構築する。

(2) 小中一貫教育を制度化するなど学校段階間の連携、一貫教育を推進する。

○　国は、小学校段階から中学校段階までの教育を一貫して行うことができる小中一貫教育学校（仮称）を制度化し、９年間の中で教育課程の区分を４－３－２や５－４のように弾力的に設定するなど柔軟かつ効果的な教育を行うことができるようにする。小中一貫教育学校（仮称）の設置を促進するため、国、地方公共団体は、教職員配置、施設整備についての条件整備や、私立学校に対する支援を行う。

○　国は、上記で述べた学校間の連携や一貫教育の成果と課題について、きめ細かく把握・検証するなど、地方公共団体や私立学校における先導的な取組の進捗を踏まえつつ、５－４－３、５－３－４、４－４－４などの新たな学校段階の区切りの在り方について、引き続き検討を行う。

○子供の発達や学習者の意欲・能力等に応じた柔軟かつ効果的な教育システムの構築について（答申）（第１章「小中一貫教育の制度化及び総合的な推進方策について」概要）

平成26年12月22日
中央教育審議会

第１節　小中一貫教育が求められる背景

●全国各地で地域の実情に応じた小中一貫教育の取組が進められているが、それには以下のような背景があると考えられる。

・教育基本法、学校教育法の改正による義務教育の目的・目標規定の新設
・近年の教育内容の量的・質的充実への対応
・児童生徒の発達の早期化等に関わる現象
・中学校進学時の不登校、いじめ等の急増など、中１ギャップへの対応
・少子化等に伴う学校の社会性育成機能の強化の必要性

第２節　小中一貫教育の現状と課題

●小中一貫教育の取組は全国的に広がり、今後さらなる増加が見込まれる。
●現在行われている小中一貫教育の取組の内容や進捗状況は、教育課程の連続性や、教員の指導体制、施設形態、校長の体制等の点において極めて多様である。
●小中一貫教育の実施校のほとんどが顕著な成果を認識しており、その内容は学力向上、中一ギャップ緩和、教職員の意識・指導力の向上など多岐にわたる。その一方、教職員の負担軽減など解消を図るべき課題も存在する。
●小中一貫教育の取組の多様性を尊重しつつ優れた取組が展開されるような環境整備が必要となる。

第３節　小中一貫教育の制度化の意義

●運用上の取組では小中一貫教育を効果的・継続的に実施していく上での一定の限界が存在するため、制度化により教育主体・教育活動・学校マネジメントの一貫性を確保した総合的かつ効果的な取組の実施が可能となる。
●設置者の判断で教育課程の特例を認め、柔軟な教育課程編成を可能とするこ

とにより、地域の実態に対応した多様な取組の選択肢を提供する。

●小中一貫教育の制度的基盤が整備されることにより、国・県による支援の充実が行いやすくなる。

●人間関係の固定化や転出入への対応などの小中一貫教育に指摘されている課題について、制度化に伴い積極的な指導助言や好事例の普及を行うことなどにより、課題の速やかな解消に資する手立てが講じられるようにする。

第4節　小中一貫教育の制度設計の基本的方向性

（制度化の基本的方向性）

●小中一貫教育が各地域の主体的な取組によって多様な形で発展してきた経緯に鑑み、地域の実情に応じた柔軟な取組を可能とする必要があることから、下記の２つの形態を制度化すべきである。

①　１人の校長の下、１つの教職員集団が９年間一貫した教育を行う新たな学校種を学校教育法に位置付け（小中一貫教育学校（仮称））

②　独立した小・中学校が小中一貫教育学校（仮称）に準じた形で一貫した教育を施すことができるようにする（小中一貫型小学校・中学校（仮称））

●小中一貫型小学校･中学校（仮称）においては、９年間の教育目標の明確化、９年間一貫した教育課程の編成・実施とともに、これらを実現するための学校間の意思決定の調整システムの整備を要件として求めることが適当である。

●小中一貫教育学校（仮称）については、既存の小・中学校と同様に、市町村の学校設置義務の履行対象とするとともに、就学指定の対象とし、市町村立の場合、入学者選抜は実施しないこととすべきである。

●小中一貫教育学校（仮称）の小学校段階を終えた後、希望する場合には他の学校への転校が円滑に行えるよう配慮することも必要であり、小中一貫教育学校（仮称）の修業年限の９年間を小学校段階と中学校段階の二つの課程に区分し、６学年修了の翌年度から中学校等への入学を認めるべきである。

●小中一貫教育学校（仮称）においては、原則として小・中学校教員免許状を併有した教員を配置することとするが、当面は小学校教員免許状で小学校課程、中学校教員免許状で中学校課程を指導可能としつつ、免許状の併有を促進するべきである。

●小中一貫教育学校（仮称）及び小中一貫型小学校・中学校（仮称）において

は、現行の小・中学校の学習指導要領に基づくことを基本とした上で、独自教科の設定、指導内容の入れ替え・移行など、一定の範囲で教育課程の特例を認めるべきである。

第５節　小中一貫教育の総合的な推進方策

●国としては、小中一貫教育の実施を希望する設置者の積極的な取組を促すため、財政的支援を含めた条件整備や小中一貫教育の取組の質の向上を図るための方策を総合的に講じていく必要がある。

●具体的には、以下のような方策が求められる。

・小中一貫教育の制度化および推進に当たっての適切な教職員定数の算定

・小中一貫教育に必要な施設・設備の整備への支援

・小中一貫教育と学校運営協議会の一体的な導入推進など、義務教育の９年間の学びを地域ぐるみで支える仕組みづくり

・モデル事業等を通じた小中一貫教育の好事例の収集・分析・周知

・小中一貫教育に応じた学校評価の充実と市町村における評価・検証

・都道府県教育委員会による現場のニーズを踏まえた積極的な指導・助言・援助

・教職員の負担軽減の取組の推進

○小中一貫教育等についての実態調査〔概要〕

平成27年２月

文部科学省初等中等教育局

調査対象：都道府県、市区町村、小中一貫教育を実施する国公立小・中学校

調査時点：平成26年５月１日

１．実施状況について

○実施件数　1,130件（小学校2,284校、中学校1,140校）

○実施市町村　211市町村（全市町村の約12%）

○積極的に推進している県　４県

積極的な検討・注視している県　３県＋33県

２．施設形態について

○施設一体型　148件（13%）

○施設隣接型　59件（５%）

○施設分離型　884件（78%）

３．管理職の配置について

○１人の校長が小・中学校を兼務　131件（12%）

○学校毎に校長を置くが、責任者となる校長を指名　115件（10%）

○学校毎に校長を置き、適宜連携　884件（78%）

４．教育課程・指導方法について

【９年間の系統性・連続性の確保のための取組】

○合同行事の実施（70%）

○９年間をひとまとまりと捉えた学校目標の設定（47%）

○９年間の系統性を整理した小中一貫カリキュラムの作成（52%）

○９年間を見通した学習・生活規律の設定（51%）など

※回答に重複あり。なお、９年間一貫した学校教育目標とカリキュラムの作成の双方を実施している学校は289件（26%）

【特例の活用状況】

○研究開発学校制度の活用　１%

○教育課程特例校制度の活用　19%

※特例の内容…新教科等の設定78%、英語教育の早期化：82%、指導内容の前倒し18%

「研究開発学校制度」：
　学習指導要領の改訂等に資する実証的資料を得るため、研究校を指定し、新しい教育課程等の研究開発を実施するもの。
「教育課程特例校制度」：
　地域等の特色を生かした特別の教育課程の編成・実施を認めるもの。

5．学年段階の区切りについて

○6－3：910件（72%）
○4－3－2：293件（26%）
○5－4、4－5：3件（0.3%）

6．成果・課題について

【成果の状況】
○成果が認められる　88%（大きな成果が認められる（10%）、成果が認められる（77%））
① 中学校進学に不安を覚える児童が減少
② 中1ギャップが緩和された
③ 小・中の教員間で協力して指導に当たる意識が向上
④ 小・中で共通で実践する取組が増えた
⑤ 小・中で互いの良さを取り入れる意識が高まった

【課題の状況】
○課題が認められる　87%（大きな課題が認められる（7%）、課題が認められる（80%））
① 教職員の負担感・多忙感の解消
② 小・中の教職員間での打ち合わせ時間の確保
③ 小・中合同の研修時間の確保

7．効果的な一貫性の確保の取組について

○以下に当てはまる取組の方が「大きな成果が認められる」、「成果が認められる」と回答する割合が上昇する傾向
① 取組の開始から一定程度年数が経過している場合
② 小学校における教科担任制を導入した場合

③　小・中学校教員の乗り入れ授業を実施した場合

④　１人の校長が小・中学校を兼務した場合

⑤　学年段階の区切りを４－３－２などに変更した場合

⑥　９年一貫の教育目標やカリキュラムを導入した場合

⑦　施設一体型とした場合

○小中一貫教育制度の導入に係る学校教育法等の一部を改正する法律について（通知）

27文科初第595号
平成27年７月30日

各　都　道　府　県　知　事
各都道府県教育委員会
各指定都市教育委員会　殿
附属学校を置く各国立大学法人学長
構造改革特別区域法第12条第１項
の認定を受けた地方公共団体の長

文部科学省大臣官房文教施設企画部長
関　　靖直

文部科学省初等中等教育局長
小松　親次郎

このたび、「学校教育法等の一部を改正する法律（平成27年法律第46号）」（以下「改正法」という。）が、本年６月24日に公布され、平成28年４月１日から施行されることとなりました。

今回の改正は、学校教育制度の多様化及び弾力化を推進するため、小中一貫教育を実施することを目的とする義務教育学校の制度を創設するものです。

また、併せて義務教育学校の制度化に係る行財政措置として、公立の義務教育学校に関する教職員定数の算定並びに教職員給与費及び施設費等に係る国庫負担については、現行の小学校及び中学校と同様の措置を講ずることとするとともに、義務教育学校の教員については、原則として、小学校の教員の免許状及び中学校の教員の免許状を有する者でなければならないこととしております。

改正法の概要及び留意事項は下記のとおりですので、十分に御了知の上、事務処理上遺漏のないよう願います。

各都道府県知事及び都道府県教育委員会におかれては、域内の市区町村教育委員会、学校、学校法人に対して、国立大学法人学長におかれては附属学校に対して、構造改革特別区域法第12条第１項の認定を受けた地方公共団体の長におかれては域内の株式会社立学校及びそれを設置する学校設置会社に対しても、本改正の周知を図るとともに、適切な事務処理が図られるよう配慮願います。

なお、改正法は、関係資料と併せて文部科学省のホームページに掲載しておりますので、御参照ください。また、関係する政令及び省令の改正については、追ってこれを行い、別途通知する予定ですので、あらかじめ御承知おき願います。

記

第一　学校教育法の一部改正（改正法第１条）

１　改正の概要

⑴　義務教育学校の創設（第１条）

我が国における学校の種類として、新たに義務教育学校を設けることとしたこと。

なお、本条に規定されることにより、他の学校種と同様、設置者（第２条）、設置基準（第３条）、設置廃止等の認可（第４条）、学校の管理及び経費の負担（第５条）、授業料の徴収（第６条）、校長及び教員の配置並びにその資格（第７条、第８条及び第９条）、生徒等の懲戒（第11条）、学校閉鎖命令（第13条）、名称使用制限（第135条）等に係る規定の適用があることとなること。

⑵　義務教育学校の設置等に係る認可等（第４条）

私立の義務教育学校の設置廃止等について、私立の小学校、中学校と同様に、都道府県知事の認可事項としたこと。

⑶　義務教育学校における授業料の徴収（第６条）

国立又は公立の義務教育学校について、小学校、中学校等と同様に、授業料を徴収することができないものとしたこと。

⑷　就学義務（第17条）

保護者がその子を就学させる義務を果たすための学校種として、義務教育学校を追加したこと。

(5) 設置義務（第38条）

市区町村は、教育上有益かつ適切であると認めるときは、義務教育学校の設置をもって小学校及び中学校の設置に代えることができるものとしたこと。

なお、公立の義務教育学校は、地方自治法第244条の公の施設であり、その設置については条例で定めることを要すること（同法第244条の２第１項）。

(6) 教育事務の委託（第40条）

市区町村は、従前の小学校・中学校と同様、義務教育学校についても、その設置に代えて、学齢児童の全部又は一部の教育事務を、他の市区町村又は市区町村の組合に委託することができることとしたこと。

(7) 義務教育学校の目的（第49条の２）

義務教育学校は、心身の発達に応じて、義務教育として行われる普通教育を基礎的なものから一貫して施すことを目的とすること。

(8) 義務教育学校の目標（第49条の３）

義務教育学校における教育の目標として、小学校教育及び中学校教育と同様に、法第21条に規定する義務教育の目標を達成するよう行われるものとすること。

(9) 義務教育学校の修業年限並びに前期課程及び後期課程の区分（第49条の４及び第49条の５）

義務教育学校の修業年限は９年とし、小学校段階に相当する６年の前期課程及び中学校段階に相当する３年の後期課程に区分したこと。

(10) 前期課程及び後期課程の目的及び目標（第49条の６）

義務教育学校の前期課程においては、義務教育として行われる普通教育のうち基礎的なものを施すことを実現するため、小学校における教育と同一の目標を達成するよう行われるものとするとともに、後期課程においては、前期課程における教育の基礎の上に、義務教育として行われる普通教育を施すことを実現するため、中学校における教育と同一の目標を達成するよう行われるものとしたこと。

(11) 義務教育学校の教育課程（第49条の７）

義務教育学校の前期課程及び後期課程の教育課程に関する事項は、義務教育学校の目的・目標並びに前期課程及び後期課程のそれぞれの目的・目標に従い、文部科学大臣が定めるものとしたこと。

(12) 準用規定等（第49条の８）

生涯学習と学校教育との関係(第30条第２項)、体験活動の充実(第31条)、教科用図書の使用義務（第34条)、出席停止（第35条)、学齢未満の子の入学禁止（第36条)、校長・教頭・教諭等の職務（第37条)、学校評価（第42条)、学校による積極的な情報提供（第43条)、私立学校の所管（第44条）に関する現行の学校教育法上の諸規定を義務教育学校に準用することとしたこと。

(13) 義務教育学校卒業者の高等学校入学資格（第57条）

義務教育学校の卒業者について、中学校の卒業者等と同様に、高等学校への入学資格を有するものとしたこと。

(14) その他の事項（第74条、第81条、第125条、附則第７条関係）

義務教育学校における特別支援学級の設置、専修学校高等課程における教育の対象者、特別の事情がある場合の養護教諭の必置義務の免除について所要の改正を行ったこと。

2 留意事項

平成18年の教育基本法改正、平成19年の学校教育法改正により義務教育の目的・目標が定められたこと等に鑑み、小学校・中学校の連携の強化、義務教育９年間を通じた系統性・連続性に配慮した取組が望まれる。

このたびの義務教育学校の創設については、これを踏まえつつ、地域の実情や児童生徒の実態など様々な要素を総合的に勘案して、設置者が主体的に判断できるよう、既存の小学校・中学校に加えて、義務教育を行う学校に係る制度上の選択肢を増やしたものである。また、今回の制度化は、小中一貫教育を通じた学校の努力による学力の向上や、生徒指導上の諸問題の解決に向けた取組、学校段階間の接続に関する優れた取組等の普及による公教育全体の水準向上に資するものと考えられる。

以上のことから、各設置者においては、今回の改正を契機として、義務教育学校の設置をはじめ、小学校段階と中学校段階を一貫させた教育活動の充実に積極的に取り組むことが期待される。

(1) 義務教育学校の名称

「義務教育学校」という名称は、法律上の学校の種類を表す名称であり、個別の学校の具体的な名称に「義務教育学校」と付さなければならないものではないこと。

小学校・中学校と同様に、公立学校であれば、設置条例で法律上の正式な名称（義務教育学校）を明らかにした上で学校管理規則等の教育委員会規則により、私立学校であれば寄附行為により、義務教育学校以外の個別の名称を用いることは可能であること。

(2) 義務教育学校の設置の在り方

① 地域とともにある学校づくりの観点から、小中一貫教育の導入に当たっては、学校関係者・保護者・地域住民との間において、新たな学校作りに関する方向性や方針を共有し、理解と協力を得ながら進めて行くことが重要であること。

② 市区町村における義務教育学校の設置は、小学校・中学校の設置に代えられること（第38条）を踏まえ、市区町村立の義務教育学校は就学指定の対象とする予定であること（学校教育法施行令の改正）。

③ 就学指定は、市区町村の教育委員会が、あらかじめ各学校ごとに通学区域を設定し、これに基づいて就学すべき学校を指定する制度であること。したがって、その指定に当たって入学者選抜は行わないものであること。

④ いわゆる「学校選択制」は、あくまで就学指定の手続の一つとして行われるものであり、特定の学校に入学希望者が集中した場合の調整に当たっては、就学指定の基本的な仕組みを踏まえ、入学者選抜は行わないものであること。

⑤ 「学校選択制」の導入に当たっては、通学する学校により格差が生じるとの懸念を払拭する観点から、小学校・中学校の場合と同様、市区町村が児童生徒の実態や保護者のニーズを踏まえ、対外的な説明責任にも留意しつつ対応する必要があること。

⑥ 域内に義務教育学校と小学校・中学校が併存する場合は、小中一貫教育の実施を通じて蓄積される様々な知見を既存の小学校・中学校にも積極的に普及を図ること。

(3) 義務教育学校の目的

① 義務教育学校は、小学校・中学校と同様の目的を実現するための教育

活動を行うものであり、義務教育を施す点においては、小学校・中学校と義務教育学校は同等であること。

② 義務教育学校は、小学校・中学校の学習指導要領を準用することとしており、学習指導要領に示された内容項目を網羅して行われることになるため、小学校・中学校と異なる内容・水準の教育を施す学校ではないこと。

(4) 義務教育学校の修業年限並びに前期課程及び後期課程の区分

① 小中一貫教育においても、子供の成長の節目に配慮するような教育課程の工夫が重要であること。

② 義務教育学校は、９年の課程を前期６年、後期３年に区分することとしているが、義務教育学校においては、１年生から９年生までの児童生徒が一つの学校に通うという特質を生かして、９年間の教育課程において「４－３－２」や「５－４」などの柔軟な学年段階の区切りを設定することも可能であること。

③ この場合の「学年段階の区切り」とは、前期課程、後期課程の目標を達成するための課程の変更を意味するものではなく、カリキュラム編成上の工夫や指導上の重点を設けるための便宜的な区切りを設定することを想定していること。

具体的には、例えば、

・教育課程の特例を活用して小学校高学年段階から独自の教科を設け、当該教科が導入される学年を区切りとすること

・従来であれば中学校段階の教育の特徴とされてきた教科担任制や定期考査、生徒会活動、校則に基づく生徒指導、制服・部活動等を小学校高学年段階から導入して、この学年を区切りとすること

などの工夫が考えられること。

④ 義務教育学校の課程は、前期６年、後期３年に区分することとしているが、組織としては一体であり、義務教育学校の教職員は一体的に教育活動に取り組むこと。

(5) 義務教育学校の教育課程

① 義務教育学校の教育課程については、前期課程及び後期課程に、それぞれ小学校学習指導要領及び中学校学習指導要領を準用することを省令において定める予定であるとともに、教育課程の特例や配慮すべき事項

については、省令等で定める予定としていること。

② 具体的には、学習指導要領に示された内容項目を網羅すること、各教科等の系統性・体系性に配慮すること、児童生徒の負担過重にならないようにすること等を前提とした上で、小中一貫教育の円滑な実施に必要となる９年間を見通した教育課程の実施に資する一定の範囲内で、設置者の判断で活用可能な教育課程の特例を創設することを予定していること。

なお、創設される本特例の内容については、今後、教育課程特例校制度の対象としない予定であり、詳細については、別途御連絡する教育課程特例校の申請手続に係る事務連絡を参照すること。

③ 「６－３」と異なる学年段階の区切りを設けている学校や、教育課程の特例を活用する学校においては、転出入する児童生徒に対して、学習内容の欠落が生じないようにするとともに、転校先の学校に円滑に適応できるようきめ細かに対応する必要があること。

具体的には、例えば、

・指導要録に、当該児童生徒が先取りして学習した事項や学習しなかった事項等を具体的に記載するとともに綿密な引継ぎを行うこと

・通常の教育課程との違いを分かりやすく示した資料をあらかじめ備えておくこと

・転出入に際して、必要に応じて個別ガイダンスや個別指導を行うこと

などが考えられること。

(6) 義務教育学校の設置基準

① 義務教育学校の設置基準については、前期課程については小学校設置基準、後期課程については中学校設置基準を準用することをはじめ具体的な内容については、省令等において定めることを予定していること。

② 義務教育学校の施設については、同一敷地に一体的に設置する場合だけでなく、隣接する敷地に分割して設置する場合（施設隣接型）や隣接していない異なる敷地に分割して設置する場合（施設分離型）も認められること。ただし、施設分離型の義務教育学校を設置する場合、設置者において、教育上・安全上の観点や、保護者や地域住民のニーズを踏まえ適切に判断することが求められること。

(7) 小中一貫型小学校・中学校（仮称）の扱い

平成26年12月の中央教育審議会答申で示された「小中一貫型小学校・中学校」（仮称）については、法律上の学校の種類としては通常の小学校と中学校であるため、今回の学校教育法の改正事項には当たらないが、小中一貫した教育課程やその実施に必要な学校間の総合調整を行う際の組織運営上の措置等に関する具体的な要件については、省令等において定めることを予定していること。

第二　公立義務教育諸学校の学級編制及び教職員定数の標準に関する法律の一部改正等（改正法第２条・第３条）

１　改正の概要

(1) 公立義務教育諸学校の学級編制及び教職員定数の標準に関する法律の一部改正（改正法第２条）

① 公立の義務教育学校に係る学級編制及び教職員定数の標準は、前期課程については現行の小学校と、後期課程については現行の中学校と同等の標準としたこと。（第３条及び第６条関係等）

② 義務教育学校においては、学校段階間の接続を円滑に行う必要があるなど管理機能の充実が必要であることから、副校長又は教頭を一人加算することとしたこと。（第７条第１項第２号）

(2) 市町村立学校職員給与負担法の一部改正（改正法第３条）

市区町村立の義務教育学校の教職員の給料その他の給与等について、都道府県の負担としたこと。（第１条）

(3) 義務教育費国庫負担法の一部改正（改正法第３条）

市区町村立の義務教育学校の教職員給与費等を国庫負担の対象としたこと。（第２条）

２　留意事項

小学校及び中学校を廃止して義務教育学校を設置する場合を含め、義務教育学校において小中一貫教育が円滑に行われるよう、都道府県教育委員会等においては、義務教育学校に係る教職員定数の標準を踏まえた適切な教職員配置に努めること。

第三　義務教育諸学校等の施設費の国庫負担等に関する法律の一部改正（改正法第４条）

１　改正の概要

①　この法律における「義務教育諸学校」の定義に義務教育学校を加えたこと。（第２条関係）

なお、本条に規定されることにより、公立の義務教育学校について、施設整備基本方針等（第11条）、交付金の交付等（第12条）に係る規定等の適用があることとなること。

②　公立の義務教育学校の校舎及び屋内運動場の新築又は増築に要する経費を、公立の小学校･中学校と同様に国庫負担の対象に加えたこと。（第３条、第５条、第６条関係）

２　留意事項

小中一貫教育に適した学校施設の計画・設計における留意事項については、文部科学省が開催する有識者会議「学校施設の在り方に関する調査研究協力者会議」（平成21年６月19日大臣官房長決定）での検討を踏まえ、関係者に周知する予定であること。

第四　教育職員免許法の一部改正（改正法第５条）

１　改正の概要

①　義務教育学校の教員については、小学校の教員の免許状及び中学校の教員の免許状を有する者でなければならないものとしたこと。（第３条関係）

②　小学校の教諭の免許状又は中学校の教諭の免許状を有する者は、当分の間、それぞれ義務教育学校の前期課程又は後期課程の主幹教諭、指導教諭、教諭又は講師となることができるものとしたこと。（附則第20項関係）

２　留意事項

①　都道府県教育委員会は、他校種免許状の取得のための免許法認定講習の積極的な開講やその質の向上等により、小学校及び中学校教員免許状の併有のための条件整備に努めること。

② 都道府県教育委員会は、免許状の併有を促進する場合において、併有の促進が教員の過度な負担につながらないよう配慮すること。

第五　施行期日等について

1　改正法の概要

(1) 改正法は、一部の規定を除き、平成28年４月１日から施行することとしたこと。(改正法附則第１条)

(2) 義務教育学校の設置のために必要な行為は、改正法の施行の日前においても行うことができることとしたこと。(改正法附則第２条)

(3) 私立学校振興助成法の一部改正その他所要の規定の整備を行ったこと。

2　留意事項

(1) 改正法における経過措置

義務教育学校の設置のために必要な行為について規定した改正法附則第２条の施行日は、公布の日（平成27年６月24日）であることから、私立の義務教育学校の設置認可の申請及び認可、公立の義務教育学校の設置のための条例制定等の準備行為は、公布の日から行えるものであること。

(2) その他

① コミュニティ・スクールの推進

義務教育９年間の学びを地域ぐるみで支える仕組みとして、学校運営に地域住民や保護者等が参画するコミュニティ・スクールは有効であり、子供たちの豊かな学びと成長を実現できるよう、小中一貫教育も含め、コミュニティ・スクールの推進が期待されること。

② 小学校・中学校の適正規模・適正配置との関係

義務教育学校の制度化の目的は、各地域の主体的な取組によって小中一貫教育の成果が蓄積されてきた経緯に鑑み、設置者が、地域の実情を踏まえ、小中一貫教育の実施が有効と判断した場合に、円滑かつ効果的に導入できる環境を整備するものであり、学校統廃合の促進を目的とするものではないこと。

今後、少子化に伴う学校の小規模化の進展が予想される中、魅力ある学校づくりを進める上で、児童生徒の集団規模の確保や活発な異学年交流等を意図して、小学校・中学校を統合して義務教育学校を設置することは一つの方策であると考えられるが、その場合、設置者が地域住民や保護者とビジョンを共有し、理解と協力を得ながら進めて行くことが重要であること。

なお、公立小学校・中学校の適正規模・適正配置等に関する手引きの策定について（26文科初第1112号）も参照のこと。

③　校務運営体制の見直し

小中一貫教育の導入に当たっては、校長は、一部の教職員に過重な負担が生じないよう、校内での連携体制の構築や校務分掌の適正化など校務運営体制を見直し、校務の効率化を図る必要があること。

また、学校における校務運営体制の見直しに係る取組が促進されるよう、学校設置者が適切な支援を行う必要があること。

④　義務教育学校以外の教育課程の特例を活用する学校

第一２（5）③に記載している転出入する児童生徒へのきめ細かな対応については、義務教育学校に限らず、研究開発学校や教育課程特例校など教育課程の特例を活用する学校全般において留意すべきであること。

○学校教育法等の一部を改正する法律の施行に伴う関係政令の整備に関する政令について（通知）

27文科初第1220号
平成27年12月16日

各　都　道　府　県　知　事
各都道府県教育委員会
各指定都市教育委員会　殿
附属学校を置く各国立大学法人学長
構造改革特別区域法第12条第１項
の認定を受けた地方公共団体の長

文部科学省大臣官房文教施設企画部長
中岡　　司

文部科学省初等中等教育局長
小松　親次郎

第189回国会において成立した「学校教育法等の一部を改正する法律（平成27年法律第46号）」（以下「改正法」という。）の概要及び留意事項については、「小中一貫教育制度の導入に係る学校教育法等の一部を改正する法律について（通知）」（平成27年７月30日付け27文科初第595号）により通知したところですが、このたび、「学校教育法等の一部を改正する法律の施行に伴う関係政令の整備に関する政令」（以下「本政令」という。）が公布され、平成28年４月１日から施行されることとなりました。

今回の改正は、学校教育制度の多様化及び弾力化を推進するため、小中一貫教育を実施することを目的とする義務教育学校の制度を創設するために制定された改正法の施行に伴い、学校教育法施行令その他の関係政令の規定の整備を行うものです。

本政令の概要及び留意事項は下記のとおりですので、十分に御了知の上、事務処理上遺漏のないよう願います。

各都道府県知事及び都道府県教育委員会におかれては、域内の市区町村教育委員会、学校、学校法人に対して、国立大学法人学長におかれては、附属学校に対して、構造改革特別区域法第12条第１項の認定を受けた地方公共団体の長におかれては、域内の株式会社立学校及びそれを設置する学校設置会社に対して、本政令の周知を図るとともに、適切な事務処理が図られるよう配慮願います。

なお、本政令は、関係資料と併せて文部科学省のホームページに掲載しておりますので、御参照ください。また、関係する省令及び告示の改正等については、追ってこれを行い、別途通知する予定ですので、あらかじめ御承知おき願います。

記

改正の概要

(1)　入学期日の通知、就学指定（学校教育法施行令第５条）

市区町村の教育委員会は、就学予定者の保護者に対し、小学校・中学校と同様に、義務教育学校の入学期日を通知しなければならないこととしたこと。

市区町村における義務教育学校の設置は、小学校・中学校の設置に代えられること（改正学校教育法第38条）を踏まえ、市区町村立の義務教育学校は就学指定の対象としたこと。

(2)　公立の義務教育学校の学級編制及び教職員定数の標準（公立義務教育諸学校の学級編制及び教職員定数の標準に関する法律施行令）

公立の義務教育学校の学級編制及び教職員定数の標準について、小学校・中学校と同等の標準を定めることに伴う規定の整備を行ったこと。

(3)　市区町村立の義務教育学校の教職員の給与費等（義務教育費国庫負担法第二条ただし書の規定に基づき教職員の給与及び報酬等に要する経費の国庫負担額の最高限度を定める政令）

市区町村立の義務教育学校の教職員の給与費等を国庫負担の対象に加えることに伴う規定の整備を行ったこと。

(4)　義務教育学校の施設費に係る国庫負担の取扱い

（義務教育諸学校等の施設費の国庫負担等に関する法律施行令第３条、第４

条、第７条）

公立の義務教育学校の建物について、教室の不足を解消するための校舎の新築又は増築に係る教室の不足の範囲に関して、小学校・中学校と同等の内容を定めることに伴う規定の整備を行ったこと。

また、適正な学校規模にするための統合に伴う校舎又は屋内運動場の新築又は増築に係る適正な学校規模の条件を、学級数がおおむね18～27学級（１学年当たり２～３学級（小学校と同様））とするとともに８学級以下の義務教育学校と適正な規模の学級数の義務教育学校を統合する場合はおおむね36学級まで（１学年当たり４学級まで（小学校と同様））とし、通学距離がおおむね６キロメートル以内（中学校と同様）としたこと。

加えて、義務教育学校に係る学級数に応ずる必要面積について、当該義務教育学校の前期課程を小学校と、後期課程を中学校とそれぞれみなして計算した面積を合計した面積としたこと。

（公立学校施設災害復旧費国庫負担法施行令）

公立の義務教育学校の前期課程の建物又は後期課程の建物について、新築費の算定方法等についてはそれぞれ小学校又は中学校と同様の取扱いとしたこと。

(5) 自動車の出口及び入口に関する技術的基準（駐車場法施行令第７条）

路外駐車場につき自動車の出入口に関する技術的基準については、交通道徳について判断能力を欠く児童の集中する施設付近において児童を保護するという趣旨により規定していること。

これを踏まえると、義務教育学校においては、前期課程と後期課程で利用する施設が原則異なる場合であっても、いずれの施設も学校行事等において、前期課程の児童が利用する可能性があることから、施設一体型や施設分離型等の施設の形態を問わず、一律に当該基準の適用対象とし、小学校等と同様、義務教育学校の出入口から20メートル以内の道路の部分等においては、路外駐車場の出口及び入口を設けてはならないこととしたこと。

留意事項

(1) 入学期日の通知、就学指定（学校教育法施行令第５条）

① 就学指定は、市区町村の教育委員会が、あらかじめ各学校ごとに通学区域を設定し、これに基づいて就学すべき学校を指定する制度であること。

したがって、その指定に当たって入学者選抜は行わないものであること。

② いわゆる「学校選択制」は、あくまで就学指定の手続の一つとして行われるものであり、特定の学校に入学希望者が集中した場合の調整に当たっては、就学指定の基本的な仕組みを踏まえ、入学者選抜は行わないものであること。

③ 「学校選択制」の導入に当たっては、通学する学校により格差が生じるとの懸念を払拭する観点から、小学校・中学校の場合と同様、市区町村が児童生徒の実態や保護者のニーズを踏まえ、対外的な説明責任にも留意しつつ対応する必要があること。

(2) 適正な学校規模の条件（義務教育諸学校等の施設費の国庫負担等に関する法律施行令第４条）

① 学級数については、クラス替えができなくなる規模又は教育活動に大きな制約が生じる可能性が高くなる規模とならないよう、おおむね18～27学級としたこと。

② 通学距離については、既存の小学校と中学校が一体となり、義務教育学校が設置される場合が多く、中学校区単位が基本となることが想定されることを踏まえ、おおむね６キロメートル以内としたこと。

これにより、前期課程の児童にとっては、小学校に通学する児童と比較して遠方から通学する可能性が出てくるものの、義務教育学校は、「教育上有益かつ適切であると認めるとき」に、小学校・中学校に代えて設置するものであり（学校教育法第38条）、一部の児童生徒について自転車通学を認めたり、スクールバスを導入したりすることなども考慮の上、保護者や地域住民の理解と協力を得ながら、義務教育学校の設置を進めていくことが重要であること。

③ 義務教育学校も小学校及び中学校と同様、義務教育諸学校等の施設費の国庫負担等に関する法律施行令第４条第３項の規定の適用を受けるため、適正な学校規模の条件に適合しない場合においても、文部科学大臣が教育効果、交通の便その他の事情を考慮して適当と認めるときは、当該学級数又は通学距離は適正な学校規模の条件に適合するものとみなすこと。

○学校教育法等の一部を改正する法律の施行に伴う文部科学省関係省令の整備に関する省令等について（通知）

27文科初第1593号
平成28年３月22日

各　都　道　府　県　知　事
各都道府県教育委員会
各指定都市教育委員会　殿
附属学校を置く各国立大学法人学長
構造改革特別区域法第12条第１項
の認定を受けた地方公共団体の長

文部科学省初等中等教育局長
小　松　　親　次　郎

第189回国会において成立した「学校教育法等の一部を改正する法律（平成27年法律第46号）」の概要及び留意事項については、「小中一貫教育制度の導入に係る学校教育法等の一部を改正する法律について（通知）」（平成27年７月30日付け27文科初第595号）により、「学校教育法等の一部を改正する法律の施行に伴う関係政令の整備に関する政令（平成27年政令第421号）」の概要及び留意事項については、「学校教育法等の一部を改正する法律の施行に伴う関係政令の整備に関する政令について（通知）」（平成27年12月16日付け27文科初第1220号）によりそれぞれ通知したところです。

このたび、「学校教育法等の一部を改正する法律の施行に伴う文部科学省関係省令の整備に関する省令（平成28年文部科学省令第４号）」（以下「本省令」という。）、「学校教育法等の一部を改正する法律の施行に伴う文部科学省関係告示の整備に関する告示（平成28年文部科学省告示第53号）」、「中学校連携型小学校及び小学校連携型中学校の教育課程の基準の特例を定める件（平成28年文部科学省告示第54号）」（以下「連携型小学校・中学校の教育課程の特例告示」という。）及び「義務教育学校並びに中学校併設型小学校及び小学校併設型中学校の教育課程の基準の特例を定める件(平成28年文部科学省告示第55号)」(以下「義務教育学校、併設型小学校・中学校の教育課程の特例告示」という。)が公布され、平成28年４月１日から施行されることとなりました。

本省令においては、①異なる設置者の下で、小学校における教育と中学校における教育の一貫性に配慮した教育を施す小学校及び中学校（以下「中学校連携型小学校」及び「小学校連携型中学校」という。）に係る教育課程の編成・実施等の諸規定の整備、②義務教育学校に係る設備・編制、標準学級数、授業時数等の諸規定の整備、③同一の設置者の下で、義務教育学校に準じて、小学校における教育と中学校における教育を一貫して施す小学校及び中学校（以下「中学校併設型小学校」及び「小学校併設型中学校」という。）における運営等の諸規定の整備を行っています。

「連携型小学校・中学校の教育課程の特例告示」及び「義務教育学校、併設型小学校・中学校の教育課程の特例告示」においては、中学校連携型小学校及び小学校連携型中学校、義務教育学校並びに中学校併設型小学校及び小学校併設型中学校の教育課程の基準の特例を定めています。

本省令、「連携型小学校・中学校の教育課程の特例告示」及び「義務教育学校、併設型小学校・中学校の教育課程の特例告示」の概要及び留意事項は下記のとおりですので、十分に御了知の上、事務処理上遺漏のないよう願います。

各都道府県知事及び都道府県教育委員会におかれては、域内の市区町村教育委員会、学校、学校法人に対して、国立大学法人学長におかれては、附属学校に対して、構造改革特別区域法第12条第１項の認定を受けた地方公共団体の長におかれては、域内の株式会社立学校及びそれを設置する学校設置会社に対して、本省令、「連携型小学校・中学校の教育課程の特例告示」及び「義務教育学校、併設型小学校・中学校の教育課程の特例告示」等の周知を図るとともに、適切な事務処理が図られるよう配慮願います。

なお、本省令、「連携型小学校・中学校の教育課程の特例告示」及び「義務教育学校、併設型小学校・中学校の教育課程の特例告示」等は、関係資料と併せて文部科学省のホームページに掲載しておりますので、御参照ください。

記

第一学校教育法等の一部を改正する法律の施行に伴う文部科学省関係省令の整

備に関する省令

1　改正の概要

(1) 中学校連携型小学校・小学校連携型中学校の教育課程の編成、実施（第52条の２、第74条の２）

設置者が異なる小学校と中学校において、小学校における教育と中学校における教育との一貫性に配慮した教育を施すため、小学校の設置者と中学校の設置者との協議に基づき定めるところにより、教育課程を編成し、それぞれが連携し、その教育課程を実施することとしたこと。

(2) 中学校連携型小学校･小学校連携型中学校の標準授業時数（第52条の３、第74条の３、別表第２の２、別表第２の３）

中学校連携型小学校と小学校連携型中学校の標準授業時数は、小学校及び中学校の授業時数とそれぞれ同じとし、各教科等の授業時数から、文部科学大臣が別に定めるところにより、小中一貫教科等の授業時数に充てることができることとしたこと。

(3) 中学校連携型小学校・小学校連携型中学校の教育課程（第52条の４、第74条の４）

中学校連携型小学校と小学校連携型中学校の教育課程については、教科等の種類等について、小学校及び中学校の基準をそれぞれ適用するほか、教育課程の基準の特例として文部科学大臣が別に定めるところ（連携型小学校・中学校の教育課程の特例告示）によるものとしたこと。

(4) 義務教育学校の設備、編制等（第79条の２）

義務教育学校の前期課程の設備、編制その他設置に関する事項については小学校設置基準の規定を、義務教育学校の後期課程の設備、編制その他設置に関する事項については中学校設置基準の規定をそれぞれ準用することとしたこと。

(5) 義務教育学校の標準学級数（第79条の３）

義務教育学校の学級数は、18学級以上27学級以下を標準とすることとしたこと。

(6) 義務教育学校の分校の学級数（第79条の４）

義務教育学校の分校の学級数は、特別の事情のある場合を除き、８学級以下とすることとしたこと。

(7) 義務教育学校の標準授業時数（第79条の５、別表第２の２、別表第２の

3）

義務教育学校の前期課程及び後期課程の標準授業時数は、小学校及び中学校の授業時数とそれぞれ同じとし、各教科等の授業時数から、文部科学大臣が別に定めるところにより、小中一貫教科等の授業時数に充てることができることとしたこと。

(8)　義務教育学校の教育課程（第79条の6、第79条の7）

義務教育学校の教育課程については、前期課程に関しては小学校学習指導要領の規定を、後期課程に関しては中学校学習指導要領の規定をそれぞれ準用するとともに、教育課程の基準の特例として文部科学大臣が別に定めるところ（義務教育学校、併設型小学校・中学校の教育課程の特例告示）によるものとしたこと。

(9)　中学校併設型小学校・小学校併設型中学校の運営（第79条の9）

同一の者が設置する小学校と中学校においては、義務教育学校に準じて、小学校における教育と中学校における教育を一貫して施すことができることとし、当該学校においては、小学校における教育と中学校における教育を一貫して施すためにふさわしい運営の仕組みを整えることとしたこと。

(10)　中学校併設型小学校・小学校併設型中学校の教育課程（第79条の10）

中学校併設型小学校と小学校併設型中学校の教育課程については、教科等の種類等について、小学校及び中学校の基準をそれぞれ適用するほか、教育課程の基準の特例として文部科学大臣が別に定めるところ（義務教育学校、併設型小学校・中学校の教育課程の特例告示）によるものとしたこと。

(11)　中学校併設型小学校・小学校併設型中学校の教育課程の編成（第79条の11）

中学校併設型小学校と小学校併設型中学校においては、小学校における教育と中学校における教育を一貫して施すため、設置者の定めるところにより、教育課程を編成することとしたこと。

2　留意事項

(1)　中学校連携型小学校・小学校連携型中学校の教育課程の編成、実施（第52条の2、第74条の2）

中学校連携型小学校の設置者と小学校連携型中学校の設置者は、それぞれの教育委員会規則等において、当該小学校と当該中学校が小中一貫教育を施すものである旨を明らかにすること。

各学校においては、学校間の協議を経て教育課程を編成し、それぞれが連携し、その教育課程を実施すること。

(2) 義務教育学校の設備、編制等（第79条の２）

義務教育学校の施設については、校舎の全部を一体的に設置する場合（施設一体型）だけでなく、隣接する敷地等に複数の校舎を隣接して設置する場合（施設隣接型）や隣接していない異なる敷地に複数の校舎を分離して設置する場合（施設分離型）も認められること。ただし、施設隣接型や施設分離型の義務教育学校を設置する場合、設置者において、教育上及び安全上支障がないことを確認するとともに、保護者や地域住民のニーズを踏まえ適切に判断することが求められること。

(3) 中学校併設型小学校・小学校併設型中学校の運営（第79条の９）

中学校併設型小学校と小学校併設型中学校においては、小学校と中学校の組織文化の違いや３校以上の学校が連携・接続する形態があり得ること、一般的な小中連携と明確に区別する必要があることを踏まえ、小中一貫教育の実質を適切に担保する観点から、例えば、

① 関係校を一体的にマネジメントする組織を設け、学校間の総合調整を担う校長を定め、必要な権限を教育委員会から委任する

② 学校運営協議会を関係校に合同で設置し、一体的な教育課程の編成に関する基本的な方針を承認する手続を明確にする

③ 一体的なマネジメントを可能とする観点から、小学校と中学校の管理職を含め全教職員を併任させる

等の措置を講じることが考えられること。

なお、中学校連携型小学校と小学校連携型中学校については、教育を一貫して施すためにふさわしい運営の仕組みを整えることとする旨の規定を設けられていないが、当該小学校及び当該中学校においては、前述の中学校併設型小学校と小学校併設型中学校におけるふさわしい運営の仕組みも参考に、小中一貫教育の実質が担保されるよう適切な運営体制を整備すること。

(4) 中学校併設型小学校・小学校併設型中学校の教育課程の編成（第79条の11）

中学校併設型小学校と小学校併設型中学校の設置者は、教育委員会規則

等において、当該小学校及び当該中学校が小中一貫教育を施すものである旨を明らかにするとともに、各学校においては、(3) で述べたような一体的な運営体制の下、学校間の協議を経て教育課程を編成すること。

第二　中学校連携型小学校及び小学校連携型中学校の教育課程の基準の特例を定める件

1　改正の概要

(1) 小中一貫教科等の設定

各教科、道徳、外国語活動、総合的な学習の時間及び特別活動の授業時数を減じて、その減じる時数を当該教科等の内容を代替することのできる内容の小中一貫教科等の授業時数に充てることができることとしたこと。

(2) 教育課程の編成の要件

教育課程は、次に掲げる要件を満たして編成するものとしたこと。

①　９年間の計画的かつ継続的な教育を施すものであること。

②　学習指導要領において定められている内容事項が、教育課程全体を通じて適切に取り扱われていること。

③　学習指導要領において定められている内容事項を指導するために必要となる標準的な授業時数が、教育課程全体を通じて適切に確保されていること。

④　児童生徒の発達の段階並びに各教科等の特性に応じた内容の系統性及び体系性に配慮がなされていること。

⑤　保護者の経済的負担への配慮その他の義務教育における機会均等の観点からの適切な配慮がなされていること。

⑥　児童生徒の転出入に対する配慮等の教育上必要な配慮がなされていること。

※なお、設置者が異なる中学校連携型小学校と小学校連携型中学校においては、「義務教育学校、併設型小学校・中学校の教育課程の特例告示」に規定している指導内容の入替え・移行は認めないものとする。

2　留意事項

○児童生徒の転出入に対する配慮（第２項第６号）

児童生徒の転出入に対する配慮とは、例えば、

① 指導要録に、当該児童生徒が先取りして学習した事項や学習しなかった事項等を具体的に記載するとともに綿密な引継ぎを行うこと
② 通常の教育課程との違いを分かりやすく示した資料をあらかじめ備えておくこと
③ 転出入に際して、必要に応じて個別ガイダンスや個別指導を行うこと

などが考えられること。

第三　義務教育学校並びに中学校併設型小学校及び小学校併設型中学校の教育課程の基準の特例を定める件

1　改正の概要

(1) 小中一貫教科等の設定

各学年においては、各教科、道徳、外国語活動、総合的な学習の時間及び特別活動の授業時数を減じて、その減じる時数を当該教科等の減じた時数に係る内容を代替することのできる内容の小中一貫教科等の授業時数に充てることができることとしたこと。

(2) 指導内容の入替え・移行

① 小学校段階及び中学校段階における各教科等の内容のうち相互に関連するものの一部を入れ替えて指導することができることとしたこと。
② 小学校段階の指導の内容の一部を中学校段階に移行して指導することができることとしたこと。
③ 中学校段階の指導の内容の一部を小学校段階に移行して指導することができることとしたこと。この場合においては、中学校段階において、当該移行した指導の内容について再度指導しないことができることとしたこと。
④ 小学校段階における各教科等の内容のうち特定の学年において指導することとされているものの一部については、他の学年に移行して指導することができることとしたこと。この場合においては、当該特定の学年において、当該移行した指導の内容について再度指導しないことができることとしたこと。
⑤ 中学校段階における各教科等の内容のうち特定の学年において指導

することとされているものの一部については、他の学年に移行して指導することができることとしたこと。この場合においては、当該特定の学年において、当該移行した指導の内容について再度指導しないことができることとしたこと。

(3)　教育課程の編成の要件

教育課程は、次に掲げる要件を満たして編成するものとしたこと。

①　９年間の計画的かつ継続的な教育を施すものであること。

②　学習指導要領において定められている内容事項が、教育課程全体を通じて適切に取り扱われていること。

③　学習指導要領において定められている内容事項を指導するために必要となる標準的な授業時数が、教育課程全体を通じて適切に確保されていること。

④　児童生徒の発達の段階並びに各教科等の特性に応じた内容の系統性及び体系性に配慮がなされていること。

⑤　保護者の経済的負担への配慮その他の義務教育における機会均等の観点からの適切な配慮がなされていること。

⑥　児童生徒の転出入に対する配慮等の教育上必要な配慮がなされていること。

2　留意事項

○「第二　中学校連携型小学校及び小学校連携型中学校の教育課程の基準の特例を定める件」の「２　留意事項」を参照。

Ｑ＆Ａ小中一貫教育
～改正学校教育法に基づく取組のポイント～

平成28年10月20日　第1刷発行

編　著　文部科学省小中一貫教育制度研究会

発　行　株式会社ぎょうせい

〒136-8575　東京都江東区新木場1-18-11
電　話　編集　03-6892-6508
　　　　営業　03-6892-6666
フリーコール　0120-953-431
URL：http://gyosei.jp

印刷　ぎょうせいデジタル(株)

ISBN 978-4-324-10180-3
(5108272-00-000)
〔略号：ＱＡ小中一貫教育〕

法改正に携わった文部科学省初等中等教育局特別支援教育課課長補佐・瀬戸麻利江氏が、平成28年春に逝去されました。義務教育制度に新たな頁を開く業務において、氏の誠実堅固な仕事ぶりと如何なる状況下でも周囲を明るくする人柄は、誠にかけがえなく、広く関係の方々の信頼を集めるものでした。本書刊行に当たり、氏の貢献に深く感謝を捧げます。

平成28年10月

文部科学省小中一貫教育制度研究会

● 文部科学省小中一貫教育制度研究会 ●

串田　俊巳

文部科学省大臣官房総務課長

（前初等中等教育局初等中等教育企画課長）

今井　裕一

文部科学省大臣官房教育改革調整官

　初等中等教育局高校教育改革PTリーダー

　（併）初等中等教育企画課教育制度改革室長

武藤　久慶

外務省在ブラジル日本大使館広報文化班長（一等書記官）

（前初等中等教育局初等中等教育企画課教育制度改革室室長補佐）

石川仙太郎

文部科学省高等教育局大学振興課課長補佐

（前初等中等教育局初等中等教育企画課地方教育行政専門官）

竹中　千尋

文部科学省大臣官房総務課課長補佐政務官秘書官事務取扱

（前初等中等教育局初等中等教育企画課教育制度改革室専門官）

鞠子　雄志

文部科学省初等中等教育局初等中等教育企画課教育制度改革室専門官

畑生　理沙

文部科学省初等中等教育局国際教育課外国語教育推進室

（前初等中等教育企画課教育制度改革室）

＊平成28年10月現在

Ⅸ　参考資料

〔注〕項番号のうち、②、③の形式のものは、法令の原文では項番号の付されていないものであり、検索の便宜上付けているものです。

1　学校教育法等の一部を改正する法律　新旧対照表（抄）

○学校教育法（昭和二二年法律第二六号）

（傍線部分は改正部分）

改正後	改正前
第一章　総則（第一条―第十五条）	第一章　総則（第一条―第十五条）
第二章　義務教育（第十六条―第二十一条）	第二章　義務教育（第十六条―第二十一条）
第三章　幼稚園（第二十二条―第二十八条）	第三章　幼稚園（第二十二条―第二十八条）
第四章　小学校（第二十九条―第四十四条）	第四章　小学校（第二十九条―第四十四条）
第五章　中学校（第四十五条―第四十九条）	第五章　中学校（第四十五条―第四十九条）
第五章の二　義務教育学校（第四十九条の二―第四十九条の八）	（新設）
第六章　高等学校（第五十条―第六十二条）	第六章　高等学校（第五十条―第六十二条）
第七章　中等教育学校（第六十三条―第七十一条）	第七章　中等教育学校（第六十三条―第七十一条）
第八章　特別支援教育（第七十二条―第八十二条）	第八章　特別支援教育（第七十二条―第八十二条）
第九章　大学（第八十三条―第百十四条）	第九章　大学（第八十三条―第百十四条）
第十章　高等専門学校（第百十五条―第百二十三条）	第十章　高等専門学校（第百十五条―第百二十三条）
第十一章　専修学校（第百二十四条―第百三十三条）	第十一章　専修学校（第百二十四条―第百三十三条）
第十二章　雑則（第百三十四条―第百四十二条）	第十二章　雑則（第百三十四条―第百四十二条）
第十三章　罰則（第百四十三条―第百四十六条）	第十三章　罰則（第百四十三条―第百四十六条）
附則	附則
第一章　総則	第一章　総則

第一条　この法律で、学校とは、幼稚園、小学校、中学校、義務教育学校、高等学校、中等教育学校、特別支援学校、大学及び高等専門学校とする。

第四条　次の各号に掲げる学校の設置廃止、設置者の変更その他政令で定める事項（次条において「設置廃止等」という。）は、それぞれ当該各号に定める者の認可を受けなければならない。これらの学校のうち、高等学校（中等教育学校の後期課程を含む。）の通常の課程（以下「全日制の課程」という。）、夜間その他特別の時間又は時期において授業を行う課程（以下「定時制の課程」という。）及び通信による教育を行う課程（以下「通信制の課程」という。）、大学の学部、大学院及び大学院の研究科並びに第百八条第二項の大学の学科についても、同様とする。

一　公立又は私立の大学及び高等専門学校　文部科学大臣

二　市町村の設置する高等学校、中等教育学校及び特別支援学校　都道府県の教育委員会

三　私立の幼稚園、小学校、中学校、義務教育学校、高等学校、中等教育学校及び特別支援学校　都道府県知事

②〜⑤（略）

第一条　この法律で、学校とは、幼稚園、小学校、中学校、高等学校、中等教育学校、特別支援学校、大学及び高等専門学校とする。

第四条　次の各号に掲げる学校の設置廃止、設置者の変更その他政令で定める事項（次条において「設置廃止等」という。）は、それぞれ当該各号に定める者の認可を受けなければならない。これらの学校のうち、高等学校（中等教育学校の後期課程を含む。）の通常の課程（以下「全日制の課程」という。）、夜間その他特別の時間又は時期において授業を行う課程（以下「定時制の課程」という。）及び通信による教育を行う課程（以下「通信制の課程」という。）、大学の学部、大学院及び大学院の研究科並びに第百八条第二項の大学の学科についても、同様とする。

一　公立又は私立の大学及び高等専門学校　文部科学大臣

二　市町村の設置する高等学校、中等教育学校及び特別支援学校　都道府県の教育委員会

三　私立の幼稚園、小学校、中学校、高等学校、中等教育学校及び特別支援学校　都道府県知事

②〜⑤（略）

第六条　学校においては、授業料を徴収することができる。ただし、国立又は公立の小学校及び中学校、義務教育学校、中等教育学校の前期課程又は特別支援学校の小学部及び中学部における義務教育については、これを徴収することができない。

第十七条　保護者は、子の満六歳に達した日の翌日以後における最初の学年の初めから、満十二歳に達した日の属する学年の終わりまで、これを小学校、義務教育学校の前期課程又は特別支援学校の小学部に就学させる義務を負う。ただし、子が、満十二歳に達した日の属する学年の終わりまでに小学校の課程、義務教育学校の前期課程又は特別支援学校の小学部の課程を修了しないときは、満十五歳に達した日の属する学年の終わり（それまでの間においてこれらの課程を修了したときは、その修了した日の属する学年の終わり）までとする。

②　保護者は、子が小学校の課程、義務教育学校の前期課程又は特別支援学校の小学部の課程を修了した日の翌日以後における最初の学年の初めから、満十五歳に達した日の属する学年の終わりまで、これを中学校、義務教育学校の後期課程、中等教育学校の前期課程又は特別支援学校の中学部に就学させる義務を負う。

第六条　学校においては、授業料を徴収することができる。ただし、国立又は公立の小学校及び中学校、中等教育学校の前期課程又は特別支援学校の小学部及び中学部における義務教育については、これを徴収することができない。

第十七条　保護者は、子の満六歳に達した日の翌日以後における最初の学年の初めから、満十二歳に達した日の属する学年の終わりまで、これを小学校又は特別支援学校の小学部に就学させる義務を負う。ただし、子が、満十二歳に達した日の属する学年の終わりまでに小学校又は特別支援学校の小学部の課程を修了しないときは、満十五歳に達した日の属する学年の終わり（それまでの間において当該課程を修了したときは、その修了した日の属する学年の終わり）までとする。

②　保護者は、子が小学校又は特別支援学校の小学部の課程を修了した日の翌日以後における最初の学年の初めから、満十五歳に達した日の属する学年の終わりまで、これを中学校、中等教育学校の前期課程又は特別支援学校の中学部に就学させる義務を負う。

③（略）	③（略）
第三十八条　市町村は、その区域内にある学齢児童を就学させるに必要な小学校を設置しなければならない。ただし、教育上有益かつ適切であると認めるときは、義務教育学校の設置をもつてこれに代えることができる。	第三十八条　市町村は、その区域内にある学齢児童を就学させるに必要な小学校を設置しなければならない。
第四十条　市町村は、前二条の規定によることを不可能又は不適当と認めるときは、小学校又は義務教育学校の設置に代え、学齢児童の全部又は一部の教育事務を、他の市町村又は前条の市町村の組合に委託することができる。	第四十条　市町村は、前二条の規定によることを不可能又は不適当と認めるときは、小学校の設置に代え、学齢児童の全部又は一部の教育事務を、他の市町村又は前条の市町村の組合に委託することができる。
②（略）	②（略）
第五章の二　義務教育学校	（新設）
第四十九条の二　義務教育学校は、心身の発達に応じて、義務教育として行われる普通教育を基礎的なものから一貫して施すことを目的とする。	（新設）
第四十九条の三　義務教育学校における教育は、前条に規定する目的を実現するため、第二十一条各号に掲げる目	（新設）

標を達成するよう行われるものとする。	
第四十九条の四　義務教育学校の修業年限は、九年とする。	（新設）
第四十九条の五　義務教育学校の課程は、これを前期六年の前期課程及び後期三年の後期課程に区分する。	（新設）
第四十九条の六　義務教育学校の前期課程における教育は、第四十九条の二に規定する目的のうち、心身の発達に応じて、義務教育として行われる普通教育のうち基礎的なものを施すことを実現するために必要な程度において第二十一条各号に掲げる目標を達成するよう行われるものとする。 ②　義務教育学校の後期課程における教育は、第四十九条の二に規定する目的のうち、前期課程における教育の基礎の上に、心身の発達に応じて、義務教育として行われる普通教育を施すことを実現するため、第二十一条各号に掲げる目標を達成するよう行われるものとする。	（新設）
第四十九条の七　義務教育学校の前期課程及び後期課程の教育課程に関する事項は、第四十九条の二、第四十九条の三及び前条の規定並びに次条において読み替えて準用	（新設）

する第三十条第二項の規定に従い、文部科学大臣が定める。	
第四十九条の八　第三十条第二項、第三十一条、第三十四条から第三十七条まで及び第四十二条から第四十四条までの規定は、義務教育学校に準用する。この場合において、第三十条第二項中「前項」とあるのは「第四十九条の三」と、第三十一条中「前条第一項」とあるのは「第四十九条の三」と読み替えるものとする。	（新設）
第五十七条　高等学校に入学することのできる者は、中学校若しくはこれに準ずる学校若しくは義務教育学校を卒業した者若しくは中等教育学校の前期課程を修了した者又は文部科学大臣の定めるところにより、これと同等以上の学力があると認められた者とする。	第五十七条　高等学校に入学することのできる者は、中学校若しくはこれに準ずる学校を卒業した者若しくは中等教育学校の前期課程を修了した者又は文部科学大臣の定めるところにより、これと同等以上の学力があると認められた者とする。
第五十八条の二　高等学校の専攻科の課程（修業年限が二年以上であることその他の文部科学大臣の定める基準を満たすものに限る。）を修了した者（第九十条第一項に規定する者に限る。）は、文部科学大臣の定めるところにより、大学に編入学することができる。	（新設）

第七十条　第三十条第二項、第三十一条、第三十四条、第三十七条第四項から第十七項まで及び第十九項、第四十二条から第四十四条まで、第五十九条並びに第六十条第四項及び第六項の規定は中等教育学校に、第五十三条から第五十五条まで、第五十八条、第五十八条の二及び第六十一条の規定は中等教育学校の後期課程に、それぞれ準用する。この場合において、第三十条第二項中「前項」とあるのは「第六十四条」と、第三十一条中「前条第一項」とあるのは「第六十四条」と読み替えるものとする。	第七十条　第三十条第二項、第三十一条、第三十四条、第三十七条第四項から第十七項まで及び第十九項、第四十二条から第四十四条まで、第五十九条並びに第六十条第四項及び第六項の規定は中等教育学校に、第五十三条から第五十五条まで、第五十八条及び第六十一条の規定は中等教育学校の後期課程に、それぞれ準用する。この場合において、第三十条第二項中「前項」とあるのは「第六十四条」と、第三十一条中「前条第一項」とあるのは「第六十四条」と読み替えるものとする。
②（略）	②（略）
第七十四条　特別支援学校においては、第七十二条に規定する目的を実現するための教育を行うほか、幼稚園、小学校、中学校、義務教育学校、高等学校又は中等教育学校の要請に応じて、第八十一条第一項に規定する幼児、児童又は生徒の教育に関し必要な助言又は援助を行うよう努めるものとする。	第七十四条　特別支援学校においては、第七十二条に規定する目的を実現するための教育を行うほか、幼稚園、小学校、中学校、高等学校又は中等教育学校の要請に応じて、第八十一条第一項に規定する幼児、児童又は生徒の教育に関し必要な助言又は援助を行うよう努めるものとする。
第八十一条　幼稚園、小学校、中学校、義務教育学校、高等学校及び中等教育学校においては、次項各号のいずれかに該当する幼児、児童及び生徒その他教育上特別の支援を必要とする幼児、児童及び生徒に対し、文部科学大	第八十一条　幼稚園、小学校、中学校、高等学校及び中等教育学校においては、次項各号のいずれかに該当する幼児、児童及び生徒その他教育上特別の支援を必要とする幼児、児童及び生徒に対し、文部科学大臣の定めるとこ

臣の定めるところにより、障害による学習上又は生活上の困難を克服するための教育を行うものとする。

② 小学校、中学校、義務教育学校、高等学校及び中等教育学校には、次の各号のいずれかに該当する児童及び生徒のために、特別支援学級を置くことができる。

一 知的障害者

二 肢体不自由者

三 身体虚弱者

四 弱視者

五 難聴者

六 その他障害のある者で、特別支援学級において教育を行うことが適当なもの

③ （略）

第百二十五条 専修学校には、高等課程、専門課程又は一般課程を置く。

② 専修学校の高等課程においては、中学校若しくはこれに準ずる学校若しくは義務教育学校を卒業した者若しくは中等教育学校の前期課程を修了した者又は文部科学大臣の定めるところによりこれと同等以上の学力があると認められた者に対して、中学校における教育の基礎の上に、心身の発達に応じて前条の教育を行うものとする。

ろにより、障害による学習上又は生活上の困難を克服するための教育を行うものとする。

② 小学校、中学校、高等学校及び中等教育学校には、次の各号のいずれかに該当する児童及び生徒のために、特別支援学級を置くことができる。

一 知的障害者

二 肢体不自由者

三 身体虚弱者

四 弱視者

五 難聴者

六 その他障害のある者で、特別支援学級において教育を行うことが適当なもの

③ （略）

第百二十五条 専修学校には、高等課程、専門課程又は一般課程を置く。

② 専修学校の高等課程においては、中学校若しくはこれに準ずる学校を卒業した者若しくは中等教育学校の前期課程を修了した者又は文部科学大臣の定めるところによりこれと同等以上の学力があると認められた者に対して、中学校における教育の基礎の上に、心身の発達に応じて前条の教育を行うものとする。

③　専修学校の専門課程においては、高等学校若しくはこれに準ずる学校若しくは中等教育学校を卒業した者又は文部科学大臣の定めるところによりこれに準ずる学力があると認められた者に対して、高等学校における教育の基礎の上に、前条の教育を行うものとする。 ④　専修学校の一般課程においては、高等課程又は専門課程の教育以外の前条の教育を行うものとする。 附　則 第七条　小学校、中学校、義務教育学校及び中等教育学校には、第三十七条（第四十九条及び第四十九条の八において準用する場合を含む。）及び第六十九条の規定にかかわらず、当分の間、養護教諭を置かないことができる。	③　専修学校の専門課程においては、高等学校若しくはこれに準ずる学校若しくは中等教育学校を卒業した者又は文部科学大臣の定めるところによりこれに準ずる学力があると認められた者に対して、高等学校における教育の基礎の上に、前条の教育を行うものとする。 ④　専修学校の一般課程においては、高等課程又は専門課程の教育以外の前条の教育を行うものとする。 附　則 第七条　小学校、中学校及び中等教育学校には、第三十七条（第四十九条において準用する場合を含む。）及び第六十九条の規定にかかわらず、当分の間、養護教諭を置かないことができる。

○公立義務教育諸学校の学級編制及び教職員定数の標準に関する法律（昭和三三年法律第一一六号）（傍線部分は改正部分）

改　正　後	改　正　前
（定義） 第二条　この法律において「義務教育諸学校」とは、学校教育法（昭和二十二年法律第二十六号）に規定する小学	（定義） 第二条　この法律において「義務教育諸学校」とは、学校教育法（昭和二十二年法律第二十六号）に規定する小学

校、中学校、義務教育学校、中等教育学校の前期課程又は特別支援学校の小学部若しくは中学部をいう。

2・3　（略）

（学級編制の標準）

第三条　（略）

2　各都道府県ごとの、公立の小学校（義務教育学校の前期課程を含む。）又は中学校（義務教育学校の後期課程及び中等教育学校の前期課程を含む。）の一学級の児童又は生徒の数の基準は、次の表の上欄に掲げる学校の種類及び同表の中欄に掲げる学級編制の区分に応じ、同表の下欄に掲げる数を標準として、都道府県の教育委員会が定める。ただし、都道府県の教育委員会は、当該都道府県における児童又は生徒の実態を考慮して特に必要があると認める場合については、この項本文の規定により定める数を下回る数を、当該場合に係る一学級の児童又は生徒の数の基準として定めることができる。

学校の種類	学級編制の区分	一学級の児童又は生徒の数
小学校（義務教育学校	同学年の児童で編制する学級	四十人（第一学年の児童で編制する

校、中学校、中等教育学校の前期課程又は特別支援学校の小学部若しくは中学部をいう。

2・3　（略）

（学級編制の標準）

第三条　（略）

2　各都道府県ごとの、公立の小学校又は中学校（中等教育学校の前期課程を含む。）の一学級の児童又は生徒の数の基準は、次の表の上欄に掲げる学校の種類及び同表の中欄に掲げる学級編制の区分に応じ、同表の下欄に掲げる数を標準として、都道府県の教育委員会が定める。ただし、都道府県の教育委員会は、当該都道府県における児童又は生徒の実態を考慮して特に必要があると認める場合については、この項本文の規定により定める数を下回る数を、当該場合に係る一学級の児童又は生徒の数の基準として定めることができる。

学校の種類	学級編制の区分	一学級の児童又は生徒の数
小学校	同学年の児童で編制する学級	四十人（第一学年の児童で編制する

の前期課程を含む。）		学級にあつては、三十五人）
	二の学年の児童で編制する学級	十六人（第一学年の児童を含む学級にあつては、八人）
	学校教育法第八十一条第二項及び第三項に規定する特別支援学級	八人
中学校（義務教育学校の後期課程及び中等教育学校の前期課程を含む。）	同学年の生徒で編制する学級	四十人
	二の学年の生徒で編制する学級	八人
	学校教育法第八十一条第二項及び第三項に規定する特別支援学級	八人

		学級にあつては、三十五人）
	二の学年の児童で編制する学級	十六人（第一学年の児童を含む学級にあつては、八人）
	学校教育法第八十一条第二項及び第三項に規定する特別支援学級	八人
中学校（中等教育学校の前期課程を含む。）	同学年の生徒で編制する学級	四十人
	二の学年の生徒で編制する学級	八人
	学校教育法第八十一条第二項及び第三項に規定する特別支援学級	八人

3（略）

（小中学校等教職員定数の標準）

第六条　各都道府県ごとの、公立の小学校、中学校及び義務教育学校並びに中等教育学校の前期課程（学校給食法第六条に規定する施設を含む。）に置くべき教職員の総数（以下「小中学校等教職員定数」という。）は、次条、第七条第一項及び第二項並びに第八条から第九条までに規定する数を合計した数を標準として定めるものとする。この場合においては、それぞれ、当該各条に規定する数を標準として、当該各条に定める教職員の職の種類の区分ごとの総数を定めなければならない。

2（略）

第六条の二　校長の数は、小学校、中学校及び義務教育学校並びに中等教育学校の前期課程の数の合計数に一を乗じて得た数とする。

第七条　副校長、教頭、主幹教諭（養護又は栄養の指導及び管理をつかさどる主幹教諭を除く。）、指導教諭、教諭、助教諭及び講師（以下「教頭及び教諭等」という。）の数は、次に定めるところにより算定した数を合計した数

3（略）

（小中学校等教職員定数の標準）

第六条　各都道府県ごとの、公立の小学校及び中学校並びに中等教育学校の前期課程（学校給食法第六条に規定する施設を含む。）に置くべき教職員の総数（以下「小中学校等教職員定数」という。）は、次条、第七条第一項及び第二項並びに第八条から第九条までに規定する数を合計した数を標準として定めるものとする。この場合においては、それぞれ、当該各条に規定する数を標準として、当該各条に定める教職員の職の種類の区分ごとの総数を定めなければならない。

2（略）

第六条の二　校長の数は、小学校及び中学校並びに中等教育学校の前期課程の数の合計数に一を乗じて得た数とする。

第七条　副校長、教頭、主幹教諭（養護又は栄養の指導及び管理をつかさどる主幹教諭を除く。）、指導教諭、教諭、助教諭及び講師（以下「教頭及び教諭等」という。）の数は、次に定めるところにより算定した数を合計した数

とする。

一　次の表の上欄に掲げる学校の種類ごとに同表の中欄に掲げる学校規模ごとの学校の学級総数に当該学校規模に応ずる同表の下欄に掲げる数を乗じて得た数（一未満の端数を生じたときは、一に切り上げる。以下同じ。）の合計数

学校の種類	学校規模	乗ずる数
小学校（義務教育学校の前期課程を含む。）	（略）	（略）
中学校（義務教育学校の後期課程及び中等教育学校の前期課程を含む。）	（略）	（略）

二　二十七学級以上の小学校（義務教育学校の前期課程を含む。）の数、二十四学級以上の中学校（義務教育学校の後期課程及び中等教育学校の前期課程を含む。）の数及び義務教育学校の数の合計数に一を乗じて得た数

三　三十学級以上の小学校（義務教育学校の前期課程を

とする。

一　次の表の上欄に掲げる学校の種類ごとに同表の中欄に掲げる学校規模ごとの学校の学級総数に当該学校規模に応ずる同表の下欄に掲げる数を乗じて得た数（一未満の端数を生じたときは、一に切り上げる。以下同じ。）の合計数

学校の種類	学校規模	乗ずる数
小学校	（略）	（略）
中学校（中等教育学校の前期課程を含む。）	（略）	（略）

二　二十七学級以上の小学校の数と二十四学級以上の中学校（中等教育学校の前期課程を含む。）の数との合計数に一を乗じて得た数

三　三十学級以上の小学校の数に二分の一を乗じて得た

含む。）の数に二分の一を乗じて得た数、十八学級から二十九学級までの中学校（義務教育学校の後期課程及び中等教育学校の前期課程を含む。以下この号において同じ。）の数に一を乗じて得た数及び三十学級以上の中学校の数に二分の三を乗じて得た数の合計数

四　小学校の分校の数、中学校（中等教育学校の前期課程を含む。）の分校の数及び義務教育学校の分校の数の合計数に一を乗じて得た数

五　次の表の上欄に掲げる寄宿する児童又は生徒の数の区分ごとの寄宿舎を置く小学校、中学校及び義務教育学校並びに中等教育学校の前期課程の数の合計数に当該区分に応ずる同表の下欄に掲げる数を乗じて得た数の合計数

（表略）

2　小学校、中学校若しくは義務教育学校又は中等教育学校の前期課程において、児童又は生徒の心身の発達に配慮し個性に応じた教育を行うため、複数の教頭及び教諭等の協力による指導が行われる場合、少数の児童若しくは生徒により構成される集団を単位として指導が行われる場合、教育課程（小学校の教育課程及び義務教育学校の前期課程の教育課程を除く。）の編成において多様な選択教科が開設される場合又は専門的な知識若しくは技

数、十八学級から二十九学級までの中学校（中等教育学校の前期課程を含む。以下この号において同じ。）の数に一を乗じて得た数及び三十学級以上の中学校の数に二分の三を乗じて得た数の合計数

四　小学校の分校の数と中学校（中等教育学校の前期課程を含む。）の分校の数との合計数に一を乗じて得た数

五　次の表の上欄に掲げる寄宿する児童又は生徒の数の区分ごとの寄宿舎を置く小学校及び中学校並びに中等教育学校の前期課程の数の合計数に当該区分に応ずる同表の下欄に掲げる数を乗じて得た数の合計数

（表略）

2　小学校若しくは中学校又は中等教育学校の前期課程において、児童又は生徒の心身の発達に配慮し個性に応じた教育を行うため、複数の教頭及び教諭等の協力による指導が行われる場合、少数の児童若しくは生徒により構成される集団を単位として指導が行われる場合、教育課程（小学校の教育課程を除く。）の編成において多様な選択教科が開設される場合又は専門的な知識若しくは技能に係る教科等（小学校の教科等に限る。）に関し専門

能に係る教科等（小学校の教科等及び義務教育学校の前期課程の教科等に限る。）に関し専門的な指導が行われる場合には、前項の規定により算定した数に政令で定める数を加えた数を教頭及び教諭等の数とする。この場合において、当該政令で定める数については、当該学校の校長及び当該学校を設置する地方公共団体の教育委員会の意向を踏まえ、当該学校において児童又は生徒の心身の発達に配慮し個性に応じた教育を行うのに必要かつ十分なものとなるよう努めなければならない。

3　前二項に定めるところにより算定した数（以下この項において「小中学校等教頭教諭等標準定数」という。）のうち、副校長及び教頭の数は二十七学級以上の小学校（義務教育学校の前期課程を含む。以下この項において同じ。）の数と二十四学級以上の中学校（義務教育学校の後期課程及び中等教育学校の前期課程を含む。以下この項において同じ。）の数との合計数に二を乗じて得た数、九学級から二十六学級までの小学校の数、六学級から二十三学級までの中学校の数及び義務教育学校の数の合計数に一を乗じて得た数、六学級から八学級までの小学校の数に四分の三を乗じて得た数並びに三学級から五学級までの中学校の数に二分の一を乗じて得た数の合計数（以下この項において「小中学校等教頭等標準定数」

的な指導が行われる場合には、前項の規定により算定した数に政令で定める数を加えた数を教頭及び教諭等の数とする。この場合において、当該政令で定める数については、当該学校の校長及び当該学校を設置する地方公共団体の教育委員会の意向を踏まえ、当該学校において児童又は生徒の心身の発達に配慮し個性に応じた教育を行うのに必要かつ十分なものとなるよう努めなければならない。

3　前二項に定めるところにより算定した数（以下この項において「小中学校等教頭教諭等標準定数」という。）のうち、副校長及び教頭の数は二十七学級以上の小学校の数と二十四学級以上の中学校（中等教育学校の前期課程を含む。以下この項において同じ。）の数との合計数に二を乗じて得た数、九学級から二十六学級までの小学校の数と六学級から二十三学級までの中学校の数との合計数に一を乗じて得た数、六学級から八学級までの小学校の数に四分の三を乗じて得た数並びに三学級から五学級までの中学校の数に二分の一を乗じて得た数の合計数（以下この項において「小中学校等教頭等標準定数」という。）とし、主幹教諭（養護又は栄養の指導及び管理をつかさどる主幹教諭を除く。）、指導教諭、教諭、助教

という。）とし、主幹教諭（養護又は栄養の指導及び管理をつかさどる主幹教諭を除く。）、指導教諭、教諭、助教諭及び講師の数は小中学校等教頭教諭等標準定数から小中学校等教頭等標準定数を減じて得た数とする。

第八条　養護をつかさどる主幹教諭、養護教諭及び養護助教諭（以下「養護教諭等」という。）の数は、次に定めるところにより算定した数を合計した数とする。

一　三学級以上の小学校（義務教育学校の前期課程を含む。）及び中学校（義務教育学校の後期課程を含む。）並びに中等教育学校の前期課程の数の合計数に一を乗じて得た数

二　児童の数が八百五十一人以上の小学校（義務教育学校の前期課程を含む。）の数と生徒の数が八百一人以上の中学校（義務教育学校の後期課程及び中等教育学校の前期課程を含む。）の数との合計数に一を乗じて得た数

三（略）

第八条の二　栄養の指導及び管理をつかさどる主幹教諭、栄養教諭並びに学校栄養職員（以下「栄養教諭等」という。）の数は、次に定めるところにより算定した数を合

論及び講師の数は小中学校等教頭教諭等標準定数から小中学校等教頭等標準定数を減じて得た数とする。

第八条　養護をつかさどる主幹教諭、養護教諭及び養護助教諭（以下「養護教諭等」という。）の数は、次に定めるところにより算定した数を合計した数とする。

一　三学級以上の小学校及び中学校並びに中等教育学校の前期課程の数の合計数に一を乗じて得た数

二　児童の数が八百五十一人以上の小学校の数と生徒の数が八百一人以上の中学校（中等教育学校の前期課程を含む。）の数との合計数に一を乗じて得た数

三（略）

第八条の二　栄養の指導及び管理をつかさどる主幹教諭、栄養教諭並びに学校栄養職員（以下「栄養教諭等」という。）の数は、次に定めるところにより算定した数を合

計した数とする。

一　学校給食（給食内容がミルクのみである給食を除く。第十三条の二において同じ。）を実施する小学校（義務教育学校の前期課程を含む。）若しくは中学校（義務教育学校の後期課程を含む。）又は中等教育学校の前期課程で専ら当該学校又は当該課程の学校給食を実施するために必要な施設を置くもの（以下この号において「単独実施校」という。）のうち児童又は生徒の数が五百五十人以上のもの（次号において「五百五十人以上単独実施校」という。）の数の合計数に一を乗じて得た数と単独実施校のうち児童又は生徒の数が五百四十九人以下のもの（以下この号及び次号において「五百四十九人以下単独実施校」という。）の数の合計数から同号に該当する市町村の設置する五百四十九人以下単独実施校の数の合計数を減じて得た数に四分の一を乗じて得た数との合計数

二　五百五十人以上単独実施校又は共同調理場（学校給食法第六条に規定する施設をいう。以下同じ。）を設置する市町村以外の市町村で当該市町村の設置する五百四十九人以下単独実施校の数の合計数が一以上三以下の市町村の数に一を乗じて得た数

三　次の表の上欄に掲げる共同調理場に係る小学校、中

計した数とする。

一　学校給食（給食内容がミルクのみである給食を除く。第十三条の二において同じ。）を実施する小学校若しくは中学校又は中等教育学校の前期課程で専ら当該学校又は当該課程の学校給食を実施するために必要な施設を置くもの（以下この号において「単独実施校」という。）のうち児童又は生徒の数が五百五十人以上のもの（次号において「五百五十人以上単独実施校」という。）の数の合計数に一を乗じて得た数と単独実施校のうち児童又は生徒の数が五百四十九人以下のもの（以下この号及び次号において「五百四十九人以下単独実施校」という。）の数の合計数から同号に該当する市町村の設置する五百四十九人以下単独実施校の数の合計数を減じて得た数に四分の一を乗じて得た数との合計数

二　五百五十人以上単独実施校又は共同調理場（学校給食法第六条に規定する施設をいう。以下同じ。）を設置する市町村以外の市町村で当該市町村の設置する五百四十九人以下単独実施校の数の合計数が一以上三以下の市町村の数に一を乗じて得た数

三　次の表の上欄に掲げる共同調理場に係る小学校及び

学校及び義務教育学校並びに中等教育学校の前期課程の児童及び生徒（給食内容がミルクのみである給食を受ける者を除く。以下この号において同じ。）の数の区分ごとの共同調理場の数に当該区分に応ずる同表の下欄に掲げる数を乗じて得た数の合計数

共同調理場に係る小学校、中学校及び義務教育学校並びに中等教育学校の前期課程の児童及び生徒の数	乗ずる数
千五百人以下	一
千五百一人から六千人まで	二
六千一人以上	三

第九条　事務職員の数は、次に定めるところにより算定した数を合計した数とする。

一　四学級以上の小学校（義務教育学校の前期課程を含む。）及び中学校（義務教育学校の後期課程を含む。）並びに中等教育学校の前期課程の数の合計数に一を乗じて得た数

二　三学級の小学校（義務教育学校の前期課程を含む。）及び中学校（義務教育学校の後期課程を含む。）並び

中学校並びに中等教育学校の前期課程の児童及び生徒（給食内容がミルクのみである給食を受ける者を除く。以下この号において同じ。）の数の区分ごとの共同調理場の数に当該区分に応ずる同表の下欄に掲げる数を乗じて得た数の合計数

共同調理場に係る小学校及び中学校並びに中等教育学校の前期課程の児童及び生徒の数	乗ずる数
千五百人以下	一
千五百一人から六千人まで	二
六千一人以上	三

第九条　事務職員の数は、次に定めるところにより算定した数を合計した数とする。

一　四学級以上の小学校及び中学校並びに中等教育学校の前期課程の数の合計数に一を乗じて得た数

二　三学級の小学校及び中学校並びに中等教育学校の前期課程の数の合計数に四分の三を乗じて得た数

に中等教育学校の前期課程の数の合計数に四分の三を乗じて得た数

三　二十七学級以上の小学校（義務教育学校の前期課程を含む。）の数に一を乗じて得た数と二十一学級以上の中学校（義務教育学校の後期課程及び中等教育学校の前期課程を含む。）の数に一を乗じて得た数との合計数

四　就学困難な児童及び生徒に係る就学奨励についての国の援助に関する法律（昭和三十一年法律第四十号）第二条に規定する保護者（同条に規定する費用等の支給を受けるものに限る。）及びこれに準ずる程度に困窮している者で政令で定めるものの児童又は生徒の数が著しく多い小学校（義務教育学校の前期課程を含む。）若しくは中学校（義務教育学校の後期課程を含む。）又は中等教育学校の前期課程で政令で定めるものの数の合計数に一を乗じて得た数

（教職員定数の算定に関する特例）

第十五条　第七条から第九条まで及び第十一条から前条までの規定により教頭及び教諭等、養護教諭等、栄養教諭等、寄宿舎指導員並びに事務職員の数を算定する場合において、次に掲げる事情があるときは、これらの規定に

三　二十七学級以上の小学校の数に一を乗じて得た数と二十一学級以上の中学校（中等教育学校の前期課程を含む。）の数に一を乗じて得た数との合計数

四　就学困難な児童及び生徒に係る就学奨励についての国の援助に関する法律（昭和三十一年法律第四十号）第二条に規定する保護者（同条に規定する費用等の支給を受けるものに限る。）及びこれに準ずる程度に困窮している者で政令で定めるものの児童又は生徒の数が著しく多い小学校若しくは中学校又は中等教育学校の前期課程で政令で定めるものの数の合計数に一を乗じて得た数

（教職員定数の算定に関する特例）

第十五条　第七条から第九条まで及び第十一条から前条までの規定により教頭及び教諭等、養護教諭等、栄養教諭等、寄宿舎指導員並びに事務職員の数を算定する場合において、次に掲げる事情があるときは、これらの規定に

より算定した数に、それぞれ政令で定める数を加えるものとする。この場合において、当該政令で定める数については、公立の義務教育諸学校の校長及び当該学校を設置する地方公共団体の教育委員会の意向を踏まえ、当該事情に対応するため必要かつ十分なものとなるよう努めなければならない。

一　小学校、中学校若しくは義務教育学校又は中等教育学校の前期課程の存する地域の社会的条件についての政令で定める教育上特別の配慮を必要とする事情

二　小学校、中学校若しくは義務教育学校又は中等教育学校の前期課程（第八条の二第三号の規定により栄養教諭等の数を算定する場合にあつては、共同調理場に係る小学校、中学校若しくは義務教育学校又は中等教育学校の前期課程とする。）において教育上特別の配慮を必要とする児童又は生徒（障害のある児童又は生徒を除く。）に対する特別の指導であつて政令で定めるものが行われていること。

三　障害のある児童又は生徒に対する特別の指導が行われていることその他当該学校において、障害のある児童又は生徒に対する指導体制の整備を行うことについて特別の配慮を必要とする事情として政令で定めるもの

より算定した数に、それぞれ政令で定める数を加えるものとする。この場合において、当該政令で定める数については、公立の義務教育諸学校の校長及び当該学校を設置する地方公共団体の教育委員会の意向を踏まえ、当該事情に対応するため必要かつ十分なものとなるよう努めなければならない。

一　小学校若しくは中学校又は中等教育学校の前期課程の存する地域の社会的条件についての政令で定める教育上特別の配慮を必要とする事情

二　小学校若しくは中学校又は中等教育学校の前期課程（第八条の二第三号の規定により栄養教諭等の数を算定する場合にあつては、共同調理場に係る小学校若しくは中学校又は中等教育学校の前期課程とする。）において教育上特別の配慮を必要とする児童又は生徒（障害のある児童又は生徒を除く。）に対する特別の指導であつて政令で定めるものが行われていること。

三　障害のある児童又は生徒に対する特別の指導が行われていることその他当該学校において、障害のある児童又は生徒に対する指導体制の整備を行うことについて特別の配慮を必要とする事情として政令で定めるもの

四　主幹教諭を置く小学校、中学校若しくは義務教育学校又は中等教育学校の前期課程の運営体制の整備について特別の配慮を必要とする事情として政令で定めるもの	四　主幹教諭を置く小学校若しくは中学校又は中等教育学校の前期課程の運営体制の整備について特別の配慮を必要とする事情として政令で定めるもの
五　小学校、中学校若しくは義務教育学校又は中等教育学校の前期課程において多様な教育を行うための諸条件の整備に関する事情であつて事務処理上特別の配慮を必要とするものとして政令で定めるもの	五　小学校若しくは中学校又は中等教育学校の前期課程において多様な教育を行うための諸条件の整備に関する事情であつて事務処理上特別の配慮を必要とするものとして政令で定めるもの
六　当該学校の教職員が教育公務員特例法（昭和二十四年法律第一号）第二十二条第三項に規定する長期にわたる研修を受けていること、当該学校において教育指導の改善に関する特別な研究が行われていることその他の政令で定める特別の事情	六　当該学校の教職員が教育公務員特例法（昭和二十四年法律第一号）第二十二条第三項に規定する長期にわたる研修を受けていること、当該学校において教育指導の改善に関する特別な研究が行われていることその他の政令で定める特別の事情

○市町村立学校職員給与負担法（昭和二三年法律第一三五号）

（傍線部分は改正部分）

改正後	改正前
第一条　市（特別区を含む。）町村立の小学校、中学校、義務教育学校、中等教育学校の前期課程及び特別支援学校の校長（中等教育学校の前期課程にあつては、当該課程の属する中等教育学校の校長とする。）、副校長、教頭、	第一条　市（特別区を含む。）町村立の小学校、中学校、中等教育学校の前期課程及び特別支援学校の校長（中等教育学校の前期課程にあつては、当該課程の属する中等教育学校の校長とする。）、副校長、教頭、主幹教諭、指導

主幹教諭、指導教諭、教諭、養護教諭、栄養教諭、助教諭、養護助教諭、寄宿舎指導員、講師（常勤の者及び地方公務員法（昭和二十五年法律第二百六十一号）第二十八条の五第一項に規定する短時間勤務の職を占める者に限る。）、学校栄養職員（学校給食法（昭和二十九年法律第百六十号）第七条に規定する職員のうち栄養の指導及び管理をつかさどる主幹教諭並びに栄養教諭以外の者をいい、同法第六条に規定する施設の当該職員を含む。以下同じ。）及び事務職員のうち次に掲げる職員であるものの給料、扶養手当、地域手当、住居手当、初任給調整手当、通勤手当、単身赴任手当、特殊勤務手当、特地勤務手当（これに準ずる手当を含む。）、へき地手当（これに準ずる手当を含む。）、時間外勤務手当（学校栄養職員及び事務職員に係るものとする。）、宿日直手当、管理職員特別勤務手当、管理職手当、期末手当、勤勉手当、義務教育等教員特別手当、寒冷地手当、特定任期付職員業績手当、退職手当、退職年金及び退職一時金並びに旅費（都道府県が定める支給に関する基準に適合するものに限る。）（以下「給料その他の給与」という。）並びに定時制通信教育手当（中等教育学校の校長に係るものとする。）並びに講師（公立義務教育諸学校の学級編制及び教職員定数の標準に関する法律（昭和三十三年法律第百

教諭、教諭、養護教諭、栄養教諭、助教諭、養護助教諭、寄宿舎指導員、講師（常勤の者及び地方公務員法（昭和二十五年法律第二百六十一号）第二十八条の五第一項に規定する短時間勤務の職を占める者に限る。）、学校栄養職員（学校給食法（昭和二十九年法律第百六十号）第七条に規定する職員のうち栄養の指導及び管理をつかさどる主幹教諭並びに栄養教諭以外の者をいい、同法第六条に規定する施設の当該職員を含む。以下同じ。）及び事務職員のうち次に掲げる職員であるものの給料、扶養手当、地域手当、住居手当、初任給調整手当、通勤手当、単身赴任手当、特殊勤務手当、特地勤務手当（これに準ずる手当を含む。）、へき地手当（これに準ずる手当を含む。）、時間外勤務手当（学校栄養職員及び事務職員に係るものとする。）、宿日直手当、管理職員特別勤務手当、管理職手当、期末手当、勤勉手当、義務教育等教員特別手当、寒冷地手当、特定任期付職員業績手当、退職手当、退職年金及び退職一時金並びに旅費（都道府県が定める支給に関する基準に適合するものに限る。）（以下「給料その他の給与」という。）並びに定時制通信教育手当（中等教育学校の校長に係るものとする。）並びに講師（公立義務教育諸学校の学級編制及び教職員定数の標準に関する法律（昭和三十三年法律第百十六号。以下「義務教

十六号。以下「義務教育諸学校標準法」という。）第十七条第二項に規定する非常勤の講師に限る。）の報酬及び職務を行うために要する費用の弁償（次条において「報酬等」という。）は、都道府県の負担とする。 一　義務教育諸学校標準法第六条第一項の規定に基づき都道府県が定める小中学校等教職員定数及び義務教育諸学校標準法第十条第一項の規定に基づき都道府県が定める特別支援学校教職員定数に基づき配置される職員（義務教育諸学校標準法第十八条各号に掲げる者を含む。） 二　公立高等学校の適正配置及び教職員定数の標準等に関する法律（昭和三十六年法律第百八十八号。以下「高等学校標準法」という。）第十五条の規定に基づき都道府県が定める特別支援学校高等部教職員定数に基づき配置される職員（特別支援学校の高等部に係る高等学校標準法第二十四条各号に掲げる者を含む。） 三　特別支援学校の幼稚部に置くべき職員の数として都道府県が定める数に基づき配置される職員	育諸学校標準法」という。）第十七条第二項に規定する非常勤の講師に限る。）の報酬及び職務を行うために要する費用の弁償（次条において「報酬等」という。）は、都道府県の負担とする。 一　義務教育諸学校標準法第六条第一項の規定に基づき都道府県が定める小中学校等教職員定数及び義務教育諸学校標準法第十条第一項の規定に基づき都道府県が定める特別支援学校教職員定数に基づき配置される職員（義務教育諸学校標準法第十八条各号に掲げる者を含む。） 二　公立高等学校の適正配置及び教職員定数の標準等に関する法律（昭和三十六年法律第百八十八号。以下「高等学校標準法」という。）第十五条の規定に基づき都道府県が定める特別支援学校高等部教職員定数に基づき配置される職員（特別支援学校の高等部に係る高等学校標準法第二十四条各号に掲げる者を含む。） 三　特別支援学校の幼稚部に置くべき職員の数として都道府県が定める数に基づき配置される職員

○義務教育費国庫負担法（昭和二七年法律第三〇三号）

（傍線部分は改正部分）

改正後	改正前
（教職員の給与及び報酬等に要する経費の国庫負担） 第二条　国は、毎年度、各都道府県ごとに、公立の小学校、中学校、義務教育学校、中等教育学校の前期課程並びに特別支援学校の小学部及び中学部（学校給食法（昭和二十九年法律第百六十号）第六条に規定する施設を含むものとし、以下「義務教育諸学校」という。）に要する経費のうち、次に掲げるものについて、その実支出額の三分の一を負担する。ただし、特別の事情があるときは、各都道府県ごとの国庫負担額の最高限度を政令で定めることができる。 一　市（特別区を含む。）町村立の義務教育諸学校に係る市町村立学校職員給与負担法（昭和二十三年法律第百三十五号）第一条に掲げる職員の給料その他の給与（退職手当、退職年金及び退職一時金並びに旅費を除く。）及び報酬等に要する経費（以下「教職員の給与及び報酬等に要する経費」という。） 二　（略）	（教職員の給与及び報酬等に要する経費の国庫負担） 第二条　国は、毎年度、各都道府県ごとに、公立の小学校、中学校、中等教育学校の前期課程並びに特別支援学校の小学部及び中学部（学校給食法（昭和二十九年法律第百六十号）第六条に規定する施設を含むものとし、以下「義務教育諸学校」という。）に要する経費のうち、次に掲げるものについて、その実支出額の三分の一を負担する。ただし、特別の事情があるときは、各都道府県ごとの国庫負担額の最高限度を政令で定めることができる。 一　市（特別区を含む。）町村立の義務教育諸学校に係る市町村立学校職員給与負担法（昭和二十三年法律第百三十五号）第一条に掲げる職員の給料その他の給与（退職手当、退職年金及び退職一時金並びに旅費を除く。）及び報酬等に要する経費（以下「教職員の給与及び報酬等に要する経費」という。） 二　（略）

○義務教育諸学校等の施設費の国庫負担等に関する法律（昭和三三年法律第八一号）

（傍線部分は改正部分）

<table>
<tr><th>改正後</th><th>改正前</th></tr>
<tr><td>（定義）
第二条　この法律において「義務教育諸学校」とは、学校教育法（昭和二十二年法律第二十六号）に規定する小学校、中学校、義務教育学校、中等教育学校の前期課程並びに特別支援学校の小学部及び中学部をいう。
2・3　（略）
（国の負担）
第三条　国は、政令で定める限度において、次の各号に掲げる経費について、その一部を負担する。この場合において、その負担割合は、それぞれ当該各号に定める割合によるものとする。
一　公立の小学校、中学校（第二号の二に該当する中学校を除く。同号を除き、以下同じ。）及び義務教育学校における教室の不足を解消するための校舎の新築又は増築（買収その他これに準ずる方法による取得を含む。以下同じ。）に要する経費　二分の一
二　公立の小学校、中学校及び義務教育学校の屋内運動場の新築又は増築に要する経費　二分の一</td><td>（定義）
第二条　この法律において「義務教育諸学校」とは、学校教育法（昭和二十二年法律第二十六号）に規定する小学校、中学校、中等教育学校の前期課程並びに特別支援学校の小学部及び中学部をいう。
2・3　（略）
（国の負担）
第三条　国は、政令で定める限度において、次の各号に掲げる経費について、その一部を負担する。この場合において、その負担割合は、それぞれ当該各号に掲げる割合によるものとする。
一　公立の小学校及び中学校（第二号の二に該当する中学校を除く。同号を除き、以下同じ。）における教室の不足を解消するための校舎の新築又は増築（買収その他これに準ずる方法による取得を含む。以下同じ。）に要する経費　二分の一
二　公立の小学校及び中学校の屋内運動場の新築又は増築に要する経費　二分の一</td></tr>
</table>

二の二～三（略）

四　公立の小学校、中学校及び義務教育学校を適正な規模にするため統合しようとすることに伴つて必要となり、又は統合したことに伴つて必要となつた校舎又は屋内運動場の新築又は増築に要する経費　二分の一

2（略）

（小学校、中学校及び義務教育学校の建物の工事費の算定方法）

第五条　第三条第一項第一号及び第二号に規定する校舎及び屋内運動場の新築又は増築に係る工事費は、校舎又は屋内運動場のそれぞれについて、新築又は増築を行う年度の五月一日（児童又は生徒の数の増加をもたらす原因となる集団的な住宅の建設その他の政令で定める事情があるため、その翌日以降新築又は増築を行う年度の四月一日から起算して三年を経過した日までの間に新たに小学校、中学校又は義務教育学校の校舎又は屋内運動場の不足を生ずるおそれがある場合には、文部科学大臣の定めるその三年を経過した日以前の日）における当該学校の学級数に応ずる必要面積から新築又は増築を行う年度の五月一日における保有面積を控除して得た面積を、一平方メートル当たりの建築の単価に乗じて算定するもの

二の二～三（略）

四　公立の小学校及び中学校を適正な規模にするため統合しようとすることに伴つて必要となり、又は統合したことに伴つて必要となつた校舎又は屋内運動場の新築又は増築に要する経費　二分の一

2（略）

（小学校及び中学校の建物の工事費の算定方法）

第五条　第三条第一項第一号及び第二号に規定する校舎及び屋内運動場の新築又は増築に係る工事費は、校舎又は屋内運動場のそれぞれについて、新築又は増築を行なう年度の五月一日（児童又は生徒の数の増加をもたらす原因となる集団的な住宅の建設その他の政令で定める事情があるため、その翌日以降新築又は増築を行なう年度の四月一日から起算して三年を経過した日までの間に新たに小学校又は中学校の校舎又は屋内運動場の不足を生ずるおそれがある場合には、文部科学大臣の定めるその三年を経過した日以前の日）における当該学校の学級数に応ずる必要面積から新築又は増築を行なう年度の五月一日における保有面積を控除して得た面積を、一平方メートル当たりの建築の単価に乗じて算定するものとする。

とする。 2　（略） （学級数に応ずる必要面積及び児童又は生徒一人当たりの基準面積） 第六条　第五条第一項若しくは第二項、第五条の二第一項又は前条第一項の規定により工事費を算定する場合の学級数に応ずる必要面積は、当該学校（中等教育学校の前期課程を含む。以下この項において同じ。）の学級数に応じ、小学校、中学校、義務教育学校、中等教育学校等又は特別支援学校ごとに、校舎又は屋内運動場のそれぞれについて、教育を行うのに必要な最低限度の面積として政令で定める。この場合において、積雪寒冷地域にある学校の学級数に応ずる必要面積については、政令で定めるところにより、当該学校の所在地の積雪寒冷度に応じ、必要な補正を加えるものとする。 2　（略）	2　（略） （学級数に応ずる必要面積及び児童又は生徒一人当たりの基準面積） 第六条　第五条第一項若しくは第二項、第五条の二第一項又は前条第一項の規定により工事費を算定する場合の学級数に応ずる必要面積は、当該学校（中等教育学校の前期課程を含む。以下この項において同じ。）の学級数に応じ、小学校、中学校、中等教育学校等又は特別支援学校ごとに、校舎又は屋内運動場のそれぞれについて、教育を行うのに必要な最低限度の面積として政令で定める。この場合において、積雪寒冷地域にある学校の学級数に応ずる必要面積については、政令で定めるところにより、当該学校の所在地の積雪寒冷度に応じ、必要な補正を加えるものとする。 2　（略）

○教育職員免許法（昭和二四年法律第一四七号）

（傍線部分は改正部分）

改正後	改正前
第二条　この法律において「教育職員」とは、学校（学校教育法（昭和二十二年法律第二十六号）第一条に規定する幼稚園、小学校、中学校、義務教育学校、高等学校、中等教育学校及び特別支援学校（第三項において「第一条学校」という。）並びに就学前の子どもに関する教育、保育等の総合的な提供の推進に関する法律（平成十八年法律第七十七号）第二条第七項に規定する幼保連携型認定こども園（以下「幼保連携型認定こども園」という。）をいう。以下同じ。）の主幹教諭（幼保連携型認定こども園の主幹養護教諭及び主幹栄養教諭を含む。以下同じ。）、指導教諭、教諭、助教諭、養護教諭、養護助教諭、栄養教諭、主幹保育教諭、指導保育教諭、保育教諭、助保育教諭及び講師（以下「教員」という。）をいう。 2～5　（略） 第三条　教育職員は、この法律により授与する各相当の免許状を有する者でなければならない。 2　前項の規定にかかわらず、主幹教諭（養護又は栄養の指導及び管理をつかさどる主幹教諭を除く。）及び指導	第二条　この法律において「教育職員」とは、学校（学校教育法（昭和二十二年法律第二十六号）第一条に規定する幼稚園、小学校、中学校、高等学校、中等教育学校及び特別支援学校（第三項において「第一条学校」という。）並びに就学前の子どもに関する教育、保育等の総合的な提供の推進に関する法律（平成十八年法律第七十七号）第二条第七項に規定する幼保連携型認定こども園（以下「幼保連携型認定こども園」という。）をいう。以下同じ。）の主幹教諭（幼保連携型認定こども園の主幹養護教諭及び主幹栄養教諭を含む。以下同じ。）、指導教諭、教諭、助教諭、養護教諭、養護助教諭、栄養教諭、主幹保育教諭、指導保育教諭、保育教諭、助保育教諭及び講師（以下「教員」という。）をいう。 2～5　（略） 第三条　教育職員は、この法律により授与する各相当の免許状を有する者でなければならない。 2　前項の規定にかかわらず、主幹教諭（養護又は栄養の指導及び管理をつかさどる主幹教諭を除く。）及び指導

教諭については各相当学校の教諭の免許状を有する者を、養護をつかさどる主幹教諭については養護教諭の免許状を有する者を、栄養の指導及び管理をつかさどる主幹教諭については栄養教諭の免許状を有する者を、講師については各相当学校の教員の相当免許状を有する者を、それぞれ充てるものとする。

3　特別支援学校の教員（養護又は栄養の指導及び管理をつかさどる主幹教諭、養護教諭、養護助教諭、栄養教諭並びに特別支援学校において自立教科等の教授を担任する教員を除く。）については、第一項の規定にかかわらず、特別支援学校の教員の免許状のほか、特別支援学校の各部に相当する学校の教員の免許状を有する者でなければならない。

4　義務教育学校の教員（養護又は栄養の指導及び管理をつかさどる主幹教諭、養護教諭、養護助教諭並びに栄養教諭を除く。）については、第一項の規定にかかわらず、小学校の教員の免許状及び中学校の教員の免許状を有する者でなければならない。

5　中等教育学校の教員（養護又は栄養の指導及び管理をつかさどる主幹教諭、養護教諭、養護助教諭並びに栄養教諭を除く。）については、第一項の規定にかかわらず、中学校の教員の免許状及び高等学校の教員の免許状を有

教諭については各相当学校の教諭の免許状を有する者を、養護をつかさどる主幹教諭については養護教諭の免許状を有する者を、栄養の指導及び管理をつかさどる主幹教諭については栄養教諭の免許状を有する者を、講師については各相当学校の教員の相当免許状を有する者を、それぞれ充てるものとする。

3　特別支援学校の教員（養護又は栄養の指導及び管理をつかさどる主幹教諭、養護教諭、養護助教諭、栄養教諭並びに特別支援学校において自立教科等の教授を担任する教員を除く。）については、第一項の規定にかかわらず、特別支援学校の教員の免許状のほか、特別支援学校の各部に相当する学校の教員の免許状を有する者でなければならない。

（新設）

4　中等教育学校の教員（養護又は栄養の指導及び管理をつかさどる主幹教諭、養護教諭、養護助教諭並びに栄養教諭を除く。）については、第一項の規定にかかわらず、中学校の教員の免許状及び高等学校の教員の免許状を有

する者でなければならない。

6　幼保連携型認定こども園の教員の免許については、第一項の規定にかかわらず、就学前の子どもに関する教育、保育等の総合的な提供の推進に関する法律の定めるところによる。

第三条の二　次に掲げる事項の教授又は実習を担任する非常勤の講師については、前条の規定にかかわらず、各相当学校の教員の相当免許状を有しない者を充てることができる。

一　小学校における次条第六項第一号に掲げる教科の領域の一部に係る事項

二　中学校における次条第五項第一号に掲げる教科及び第十六条の三第一項の文部科学省令で定める教科の領域の一部に係る事項

三　義務教育学校における前二号に掲げる事項

四　高等学校における次条第五項第二号に掲げる教科及び第十六条の三第一項の文部科学省令で定める教科の領域の一部に係る事項

五　中等教育学校における第二号及び前号に掲げる事項

六　特別支援学校（幼稚部を除く。）における第一号、第二号及び第四号に掲げる事項並びに自立教科等の領

する者でなければならない。

5　幼保連携型認定こども園の教員の免許については、第一項の規定にかかわらず、就学前の子どもに関する教育、保育等の総合的な提供の推進に関する法律の定めるところによる。

第三条の二　次に掲げる事項の教授又は実習を担任する非常勤の講師については、前条の規定にかかわらず、各相当学校の教員の相当免許状を有しない者を充てることができる。

一　小学校における次条第六項第一号に掲げる教科の領域の一部に係る事項

二　中学校における次条第五項第一号に掲げる教科及び第十六条の三第一項の文部科学省令で定める教科の領域の一部に係る事項

（新設）

三　高等学校における次条第五項第二号に掲げる教科及び第十六条の三第一項の文部科学省令で定める教科の領域の一部に係る事項

四　中等教育学校における前二号に掲げる事項

五　特別支援学校（幼稚部を除く。）における第一号から第三号までに掲げる事項及び自立教科等の領域の一

域の一部に係る事項

七　教科に関する事項で文部科学省令で定めるもの

2　前項の場合において、非常勤の講師に任命し、又は雇用しようとする者は、あらかじめ、文部科学省令で定めるところにより、その旨を第五条第七項で定める授与権者に届け出なければならない。

第四条　免許状は、普通免許状、特別免許状及び臨時免許状とする。

2　普通免許状は、学校（義務教育学校、中等教育学校及び幼保連携型認定こども園を除く。）の種類ごとの教諭の免許状、養護教諭の免許状及び栄養教諭の免許状とし、それぞれ専修免許状、一種免許状及び二種免許状（高等学校教諭の免許状にあつては、専修免許状及び一種免許状）に区分する。

3　特別免許状は、学校（幼稚園、義務教育学校、中等教育学校及び幼保連携型認定こども園を除く。）の種類ごとの教諭の免許状とする。

4　臨時免許状は、学校（義務教育学校、中等教育学校及び幼保連携型認定こども園を除く。）の種類ごとの助教諭の免許状及び養護助教諭の免許状とする。

5・6（略）

部に係る事項

六　教科に関する事項で文部科学省令で定めるもの

2　前項の場合において、非常勤の講師に任命し、又は雇用しようとする者は、あらかじめ、文部科学省令で定めるところにより、その旨を第五条第七項で定める授与権者に届け出なければならない。

第四条　免許状は、普通免許状、特別免許状及び臨時免許状とする。

2　普通免許状は、学校（中等教育学校及び幼保連携型認定こども園を除く。）の種類ごとの教諭の免許状、養護教諭の免許状及び栄養教諭の免許状とし、それぞれ専修免許状、一種免許状及び二種免許状（高等学校教諭の免許状にあつては、専修免許状及び一種免許状）に区分する。

3　特別免許状は、学校（幼稚園、中等教育学校及び幼保連携型認定こども園を除く。）の種類ごとの教諭の免許状とする。

4　臨時免許状は、学校（中等教育学校及び幼保連携型認定こども園を除く。）の種類ごとの助教諭の免許状及び養護助教諭の免許状とする。

5・6（略）

第十六条の五　中学校又は高等学校の教諭の免許状を有する者は、第三条第一項から第四項までの規定にかかわらず、それぞれその免許状に係る教科に相当する教科その他教科に関する事項で文部科学省令で定めるものの教授又は実習を担任する小学校若しくは義務教育学校の前期課程の主幹教諭、指導教諭、教諭若しくは講師又は特別支援学校の小学部の主幹教諭、指導教諭、教諭若しくは講師となることができる。ただし、特別支援学校の小学部の主幹教諭、指導教諭、教諭又は講師となる場合は、特別支援学校の教員の免許状を有する者でなければならない。

2　工芸、書道、看護、情報、農業、工業、商業、水産、福祉若しくは商船又は看護実習、情報実習、農業実習、工業実習、商業実習、水産実習、福祉実習若しくは商船実習の教科又は前条第一項に規定する文部科学省令で定める教科の領域の一部に係る事項について高等学校の教諭の免許状を有する者は、第三条第一項から第五項までの規定にかかわらず、それぞれその免許状に係る教科に相当する教科その他教科に関する事項で文部科学省令で定めるものの教授又は実習を担任する中学校、義務教育学校の後期課程若しくは中等教育学校の前期課程の主幹教諭、指導教諭、教諭若しくは講師又は特別支援学校の

第十六条の五　中学校又は高等学校の教諭の免許状を有する者は、第三条第一項から第三項までの規定にかかわらず、それぞれその免許状に係る教科に相当する教科その他教科に関する事項で文部科学省令で定めるものの教授又は実習を担任する小学校の主幹教諭、指導教諭、教諭若しくは講師又は特別支援学校の小学部の主幹教諭、指導教諭、教諭若しくは講師となることができる。ただし、特別支援学校の小学部の主幹教諭、指導教諭、教諭又は講師となる場合は、特別支援学校の教員の免許状を有する者でなければならない。

2　工芸、書道、看護、情報、農業、工業、商業、水産、福祉若しくは商船又は看護実習、情報実習、農業実習、工業実習、商業実習、水産実習、福祉実習若しくは商船実習の教科又は前条第一項に規定する文部科学省令で定める教科の領域の一部に係る事項について高等学校の教諭の免許状を有する者は、第三条の規定にかかわらず、それぞれその免許状に係る教科に相当する教科その他教科に関する事項で文部科学省令で定めるものの教授又は実習を担任する中学校若しくは中等教育学校の前期課程の主幹教諭、指導教諭、教諭若しくは講師又は特別支援学校の中学部の主幹教諭、指導教諭、教諭若しくは講師

中学部の主幹教諭、指導教諭、教諭若しくは講師となることができる。ただし、特別支援学校の中学部の主幹教諭、指導教諭、教諭又は講師となる場合は、特別支援学校の教員の免許状を有する者でなければならない。

附　則

2　授与権者は、当分の間、中学校、義務教育学校の後期課程、高等学校、中等教育学校の前期課程若しくは後期課程又は特別支援学校の中学部若しくは高等部において、ある教科の教授を担任すべき教員を採用することができないと認めるときは、当該学校の校長及び主幹教諭、指導教諭又は教諭（以下この項において「主幹教諭等」という。）の申請により、一年以内の期間を限り、当該教科についての免許状を有しない主幹教諭等が当該教科の教授を担任することを許可することができる。この場合においては、許可を得た主幹教諭等は、第三条第一項及び第二項の規定にかかわらず、当該学校、当該前期課程若しくは後期課程又は当該中学部若しくは高等部において、その許可に係る教科の教授を担任することができる。

15　養護教諭の免許状を有する者（三年以上養護をつかさ

となることができる。ただし、特別支援学校の中学部の主幹教諭、指導教諭、教諭又は講師となる場合は、特別支援学校の教員の免許状を有する者でなければならない。

附　則

2　授与権者は、当分の間、中学校、高等学校、中等教育学校の前期課程若しくは後期課程又は特別支援学校の中学部若しくは高等部において、ある教科の教授を担任すべき教員を採用することができないと認めるときは、当該学校の校長及び主幹教諭、指導教諭又は教諭（以下この項において「主幹教諭等」という。）の申請により、一年以内の期間を限り、当該教科についての免許状を有しない主幹教諭等が当該教科の教授を担任することを許可することができる。この場合においては、許可を得た主幹教諭等は、第三条第一項及び第二項の規定にかかわらず、当該学校、当該前期課程若しくは後期課程又は当該中学部若しくは高等部において、その許可に係る教科の教授を担任することができる。

15　養護教諭の免許状を有する者（三年以上養護をつかさ

どる主幹教諭又は養護教諭として勤務したことがある者に限る。）で養護をつかさどる主幹教諭又は養護教諭として勤務しているものは、当分の間、第三条の規定にかかわらず、その勤務する学校（幼稚園及び幼保連携型認定こども園を除く。）において、保健の教科の領域に係る事項（小学校、義務教育学校の前期課程又は特別支援学校の小学部にあつては、体育の教科の領域の一部に係る事項で文部科学省令で定めるもの）の教授を担任する教諭又は講師となることができる。

17　中学校の教諭の免許状又は高等学校の教諭の免許状を有する者は、当分の間、第三条第一項、第二項及び第五項の規定にかかわらず、それぞれ中等教育学校の前期課程における教科又は後期課程における教科の教授又は実習を担任する主幹教諭、指導教諭、教諭又は講師となることができる。

20　小学校の教諭の免許状又は中学校の教諭の免許状を有する者は、当分の間、第三条第一項、第二項及び第四項の規定にかかわらず、それぞれ義務教育学校の前期課程又は後期課程の主幹教諭（養護又は栄養の指導及び管理をつかさどる主幹教諭を除く。）、指導教諭、教諭又は講

どる主幹教諭又は養護教諭として勤務したことがある者に限る。）で養護をつかさどる主幹教諭又は養護教諭として勤務しているものは、当分の間、第三条の規定にかかわらず、その勤務する学校（幼稚園及び幼保連携型認定こども園を除く。）において、保健の教科の領域に係る事項（小学校又は特別支援学校の小学部にあつては、体育の教科の領域の一部に係る事項で文部科学省令で定めるもの）の教授を担任する教諭又は講師となることができる。

17　中学校の教諭の免許状又は高等学校の教諭の免許状を有する者は、当分の間、第三条第一項、第二項及び第四項の規定にかかわらず、それぞれ中等教育学校の前期課程における教科又は後期課程における教科の教授又は実習を担任する主幹教諭、指導教諭、教諭又は講師となることができる。

（新設）

師となることができる。

別表第三（第六条関係）

第一欄	第二欄	第三欄	第四欄
所要資格	有することを必要とする第一欄に掲げる教員（当該学校の助教諭を含む。第三欄において同じ。）の免許状の種類	第二欄に定める各免許状を取得した後、第一欄に掲げる教員又は当該学校の主幹教諭（養護又は栄養の指導及び管理をつかさどる主幹教諭を除く。）、指導教諭若しくは講師（これらに相当する義務教育学校の前期課程又は後期課程、中等教育学校の前期課程又は後期課程及び特別支援学校の各部の教員を	第二欄に定める各免許状を取得した後、大学において修得することを必要とする最低単位数

別表第三（第六条関係）

第一欄	第二欄	第三欄	第四欄
所要資格	有することを必要とする第一欄に掲げる教員（当該学校の助教諭を含む。第三欄において同じ。）の免許状の種類	第二欄に定める各免許状を取得した後、第一欄に掲げる教員又は当該学校の主幹教諭（養護又は栄養の指導及び管理をつかさどる主幹教諭を除く。）、指導教諭若しくは講師（これらに相当する中等教育学校の前期課程又は後期課程及び特別支援学校の各部の教員を含み、幼稚園教諭の専修免許状、一種	第二欄に定める各免許状を取得した後、大学において修得することを必要とする最低単位数

受けようとする免許状の種類			含み、幼稚園教諭の専修免許状、一種免許状又は二種免許状の授与を受けようとする場合にあつては、幼保連携型認定こども園の主幹保育教諭、指導保育教諭、保育教諭又は講師を含む。）として良好な成績で勤務した旨の実務証明責任者の証明を有することを必要とする最低在職年数	
幼稚園教諭	専修免許状	一種免許状	三	一五
	一種免許状	二種免許状	五	四五

受けようとする免許状の種類			免許状又は二種免許状の授与を受けようとする場合にあつては、幼保連携型認定こども園の主幹保育教諭、指導保育教諭、保育教諭又は講師を含む。）として良好な成績で勤務した旨の実務証明責任者の証明を有することを必要とする最低在職年数	
幼稚園教諭	専修免許状	一種免許状	三	一五
	一種免許状	二種免許状	五	四五

	二種免許状	臨時免許状	六	四五
小学校教諭	専修免許状	一種免許状	三	一五
		特別免許状	三	四一
	一種免許状	二種免許状	五	四五
		特別免許状	三	二六
	二種免許状	臨時免許状	六	四五
中学校教諭	専修免許状	一種免許状	三	一五
		特別免許状	三	二五
	一種免許状	二種免許状	五	四五
	二種免許状	臨時免許状	六	四五

	二種免許状	臨時免許状	六	四五
小学校教諭	専修免許状	一種免許状	三	一五
		特別免許状	三	四一
	一種免許状	二種免許状	五	四五
		特別免許状	三	二六
	二種免許状	臨時免許状	六	四五
中学校教諭	専修免許状	一種免許状	三	一五
		特別免許状	三	二五
	一種免許状	二種免許状	五	四五
	二種免許状	臨時免許状	六	四五

高等学校教諭	専修免許状	一種免許状	三	一五
		特別免許状	三	二五
	一種免許状	臨時免許状	五	四五

備考（略）

別表第五（第六条関係）

第一欄		第二欄	第三欄
所要資格／受けようとする免許状の種類		基礎資格	第二欄に定める各免許状を取得した後、大学において修得することを必要とする最低単位数
中学校において職業実習を	専修免許状	第一欄に掲げる教諭の一種免許状を取得した後、三年以上中学校（義務教育学校	一五

高等学校教諭	専修免許状	一種免許状	三	一五
		特別免許状	三	二五
	一種免許状	臨時免許状	五	四五

備考（略）

別表第五（第六条関係）

第一欄		第二欄	第三欄
所要資格／受けようとする免許状の種類		基礎資格	第二欄に定める各免許状を取得した後、大学において修得することを必要とする最低単位数
中学校において職業実習を	専修免許状	第一欄に掲げる教諭の一種免許状を取得した後、三年以上中学校（中等教育学校	一五

担任する教諭		の後期課程、中等教育学校の前期課程及び特別支援学校の中学部を含む。以下この欄において同じ。）において職業実習を担任する教員として良好な成績で勤務した旨の実務証明責任者の証明を有すること。	
	一種免許状	第一欄に掲げる教諭の二種免許状を取得した後、三年以上中学校において職業実習を担任する教員として良好な成績で勤務した旨の実務証明責任者の証明を有すること。	一五
	二種免	イ　大学において職	

担任する教諭		の前期課程及び特別支援学校の中学部を含む。以下この欄において同じ。）において職業実習を担任する教員として良好な成績で勤務した旨の実務証明責任者の証明を有すること。	
	一種免許状	第一欄に掲げる教諭の二種免許状を取得した後、三年以上中学校において職業実習を担任する教員として良好な成績で勤務した旨の実務証明責任者の証明を有すること。	一五
	二種免	イ　大学において職	

許状

業実習に関する学科を専攻して、学士の学位を有し、一年以上その学科に関する実地の経験を有し、技術優秀と認められること。

ロ　大学に二年以上在学し、職業実習に関する学科を専攻して、三年以上その学科に関する実地の経験を有し、技術優秀と認められること。

ハ　職業実習についての中学校助教諭の臨時免許状を取得した後、六年以上中学校において職業実習を担任する教員として良好な成績で勤務

二〇

許状

業実習に関する学科を専攻して、学士の学位を有し、一年以上その学科に関する実地の経験を有し、技術優秀と認められること。

ロ　大学に二年以上在学し、職業実習に関する学科を専攻して、三年以上その学科に関する実地の経験を有し、技術優秀と認められること。

ハ　職業実習についての中学校助教諭の臨時免許状を取得した後、六年以上中学校において職業実習を担任する教員として良好な成績で勤務

二〇

		した旨の実務証明責任者の証明を有すること。	
高等学校において看護実習、家庭実習、情報実習、農業実習、商業実習、水産実習、福祉実習又は商船実習を担任する教	専修免許状	第一欄に掲げる教諭の一種免許状を取得した後、三年以上高等学校（中等教育学校の後期課程及び特別支援学校の高等部を含む。以下この欄において同じ。）において当該実習を担任する教員として良好な成績で勤務した旨の実務証明責任者の証明を有すること。	一五
	一種免許状	イ　大学において第一欄に掲げる実習に係る実業に関する学科を専攻して、学士の学位を有し、一年	

		した旨の実務証明責任者の証明を有すること。	
高等学校において看護実習、家庭実習、情報実習、農業実習、商業実習、水産実習、福祉実習又は商船実習を担任する教	専修免許状	第一欄に掲げる教諭の一種免許状を取得した後、三年以上高等学校（中等教育学校の後期課程及び特別支援学校の高等部を含む。以下この欄において同じ。）において当該実習を担任する教員として良好な成績で勤務した旨の実務証明責任者の証明を有すること。	
	一種免許状	イ　大学において第一欄に掲げる実習に係る実業に関する学科を専攻して、学士の学位を有し、一年	

諭		以上その学科に関する実地の経験を有し、技術優秀と認められること。	
		ロ　第一欄に掲げる実習についての高等学校助教諭の臨時免許状を取得した後、三年以上高等学校において当該実習を担任する教員として良好な成績で勤務した旨の実務証明責任者の証明を有すること。	一〇

備考（略）

諭		以上その学科に関する実地の経験を有し、技術優秀と認められること。	
		ロ　第一欄に掲げる実習についての高等学校助教諭の臨時免許状を取得した後、三年以上高等学校において当該実習を担任する教員として良好な成績で勤務した旨の実務証明責任者の証明を有すること。	一〇

備考（略）

別表第七（第六条関係）

第一欄	第二欄	第三欄	第四欄
所要資格 受けようとする免許状の種類	有することを必要とする特別支援学校の教員（二種免許状の授与を受けようとする場合にあつては、幼稚園、小学校、中学校又は高等学校の教員）の免許状の種類	第二欄に定める各免許状を取得した後、特別支援学校の教員（二種免許状の授与を受けようとする場合にあつては、幼稚園、小学校、中学校、義務教育学校、高等学校、中等教育学校又は幼保連携型認定こども園の教員を含む。）として良好な成績で勤務した旨の実務証明責任者の証明を有することを必要とする最低在職年数	第二欄に定める各免許状を取得した後、大学において修得することを必要とする最低単位数

別表第七（第六条関係）

第一欄	第二欄	第三欄	第四欄
所要資格 受けようとする免許状の種類	有することを必要とする特別支援学校の教員（二種免許状の授与を受けようとする場合にあつては、幼稚園、小学校、中学校又は高等学校の教員）の免許状の種類	第二欄に定める各免許状を取得した後、特別支援学校の教員（二種免許状の授与を受けようとする場合にあつては、幼稚園、小学校、中学校、高等学校、中等教育学校又は幼保連携型認定こども園の教員を含む。）として良好な成績で勤務した旨の実務証明責任者の証明を有することを必要とする最低在職年数	第二欄に定める各免許状を取得した後、大学において修得することを必要とする最低単位数

特別支援学校教諭	専修免許状	一種免許状	三	一五
	一種免許状	二種免許状	三	六
	二種免許状	幼稚園、小学校、中学校又は高等学校の教諭の普通免許状	三	六

備考（略）

別表第八（第六条関係）

第一欄	第二欄	第三欄	第四欄
所要資格	有することを必要とする学校の免許状	第二欄に定める各免許状を取得した後、当該学校における主幹教諭（養護又は栄養の指導	第二欄に定める各免許状を取得し

特別支援学校教諭	専修免許状	一種免許状	三	一五
	一種免許状	二種免許状	三	六
	二種免許状	幼稚園、小学校、中学校又は高等学校の教諭の普通免許状	三	六

備考（略）

別表第八（第六条関係）

第一欄	第二欄	第三欄	第四欄
所要資格	有することを必要とする学校の免許状	第二欄に定める各免許状を取得した後、当該学校における主幹教諭（養護又は栄養の指導	第二欄に定める各免許状を取得し

及び管理をつかさどる主幹教諭を除く。）、指導教諭、教諭又は講師（これらに相当する義務教育学校の前期課程又は後期課程、中等教育学校の前期課程又は後期課程及び特別支援学校の各部の教諭又は講師を含み、小学校教諭の二種免許状の授与を受けようとする場合にあつては、幼保連携型認定こども園の主幹保育教諭、指導保育教諭、保育教諭又は講師を含む。）として良好な勤務成

た後、大学において修得することを要する単位数

及び管理をつかさどる主幹教諭を除く。）、指導教諭、教諭又は講師（これらに相当する中等教育学校の前期課程又は後期課程及び特別支援学校の各部の教諭又は講師を含み、小学校教諭の二種免許状の授与を受けようとする場合にあつては、幼保連携型認定こども園の主幹保育教諭、指導保育教諭、保育教諭又は講師を含む。）として良好な勤務成績で勤務した旨の実務証明責任者の証明を有

た後、大学において修得することを要する単位数

受けようとする免許状の種類		実務証明責任者の証明を有することを必要とする最低在職年数	
幼稚園教諭二種免許状	小学校教諭普通免許状	三	六
小学校教諭二種免許状	幼稚園教諭普通免許状	三	一三
	中学校教諭普通免許状	三	一二
中学校教諭二種免許状	小学校教諭普通免許状	三	一四
	高等学校教諭普通免許状	三	九

受けようとする免許状の種類		することを必要とする最低在職年数	
幼稚園教諭二種免許状	小学校教諭普通免許状	三	六
小学校教諭二種免許状	幼稚園教諭普通免許状	三	一三
	中学校教諭普通免許状	三	一二
小学校教諭二種免許状	小学校教諭普通免許状	三	一四
	高等学校教諭普通免許状	三	九

高等学校教諭一種免許状	中学校教諭普通免許状（二種免許状を除く。）	三	一二

備考（略）

幼稚園教諭二種免許状	小学校教諭普通免許状	三	一二

備考（略）

2　学校教育法等の一部を改正する法律案に対する附帯決議（平成二七年五月二九日　衆議院文部科学委員会）

政府及び関係者は、本法の施行に当たり、次の事項について特段の配慮をすべきである。

一　義務教育の九年間の学びを地域ぐるみで支える新たな仕組みとしての義務教育学校となるよう、市町村教育委員会は、保護者や地域住民の理解と協力を得るための場として、学校運営協議会等の設置及び活用の推進に努めること。

二　小学校及び中学校は児童生徒に対する教育施設であるだけでなく、各地域のコミュニティの核としての性格を有することを踏まえ、市町村教育委員会は、義務教育学校の設置に伴い、安易に学校統廃合を行わないよう留意すること。

三　義務教育学校の設置等を支援する観点から、国は、異なる学校段階間の接続を円滑にマネジメントする体制の整備や乗り入れ授業等への対応のための十分な教職員体制の整備を図り、教職員の更なる過重負担を招かないよう努めるとともに、小学校及び中学校が統合される場合においては、義務教育学校への円滑な移行が図られるよう、十分な教職員定数の確保に努めること。

四　都道府県教育委員会は、他校種免許状の取得のための免許法認定講習の積極的な開講やその質の向上等を図ることにより、義務教育学校教員における小学校・中学校教員免許状の併有の促進に努めること。

五　小中一貫教育の取組について、国は、各地域における実施上の課題を継続的に把握し、優れた取組事例を収集・分析した上でその情報提供に努めること。また、市町村教育委員会は、自らの方針や各学校の取組について積極的な説明に努めること。

六　高等学校等専攻科から大学への編入学の実施に当たり、国は、大学の自主性を尊重しつつ、大学における学びの質が担保されるよう指針を示すなどの取組に努めること。

3　学校教育法等の一部を改正する法律案に対する附帯決議（平成二七年六月一六日　参議院文教科学委員会）

政府及び関係者は、本法の施行に当たり、次の事項について特段の配慮をすべきである。

一　義務教育学校の設置に当たっては、我が国の教育の基本原則である機会均等を確保するとともに、既存の小学校及び中学校との間の序列化・エリート校化・複線化等により児童生徒の学びに格差が生じることのないよう、万全を期すること。

二　小学校及び中学校は児童生徒の学びの場であるだけでなく、各地域のコミュニティの核としての性格を有することを踏まえ、市町村教育委員会は、義務教育学校の設置に当たっては、安易に学校統廃合を行わないよう、特に留意すること。また、検討段階から保護者や地域住民等に対し丁寧な説明を行い、その意見を適切に反映し、幅広く理解と協力を得て合意形成に努めること。

三　義務教育学校等における九年間の学びを地域全体で支えることの重要性に鑑み、保護者や地域住民の理解と参画を得るため、学校運営協議会等、組織的・継続的な学校支援体制の整備及び活用に努めること。

四　児童生徒の人間関係の固定化や転出入への対応など小中一貫教育実施上の課題の解消に向け、政府は、各地域における取組事例を収集・分析・検証した上で、積極的な情報提供を行うとともに、課題解決のための指針の作成に努めること。また、市町村教育委員会は、自らの方針や各学校の取組について保護者や地域住民等に対し丁寧な説明を行い、幅広く理解を得るよう努めること。

五　義務教育学校の設置等に当たっては、政府は、異なる学校段階間の接続を円滑にマネジメントする体制の整備や乗り入れ授業等への対応のための十分な教職員体制の整備を図り、教職員の更なる過重負担を招かないよう努めるとともに、小学校及び中学校が統合される場合においては、義務教育学校への円滑な移行が図られるよう、十分な教職員定数の確保に努めること。

六　義務教育学校に係る教員免許状について、都道府県教育委員会は、他校種免許状の取得のための免許法認定講習の積極的な開講等、小学校及び中学校教員免許状の併有のための条件整備に努めること。また、政府は、併有する際の負担が過大なものとならないよう、必要な環境整備を積極的に行うとともに、教員免許制度の在り方について引き続き検討を行うこと。

七　高等学校等の専攻科から大学への編入学を実施するに当たっては、政府は、大学の自主性を尊重しつつ、大学における学びの質が担保されるよう指針を示すなど、編

入学者が大学教育に円滑に移行し、主体的な学びを実現するための取組を積極的に支援すること。

右決議する。

4　学校教育法等の一部を改正する法律の施行に伴う関係政令の整備に関する政令　新旧対照表（抄）

〇学校教育法施行令（昭和二八年政令第三四〇号）

（傍線部分は改正部分）

改正後	改正前
第一章　就学義務	第一章　就学義務
第一節　学齢簿（第一条―第四条）	第一節　学齢簿（第一条―第四条）
第二節　小学校、中学校、義務教育学校及び中等教育学校（第五条―第十条）	第二節　小学校、中学校及び中等教育学校（第五条―第十条）
第三節　特別支援学校（第十一条―第十八条）	第三節　特別支援学校（第十一条―第十八条）
第三節の二　保護者及び視覚障害者等の就学に関する専門的知識を有する者の意見聴取（第十八条の二）	第三節の二　保護者及び視覚障害者等の就学に関する専門的知識を有する者の意見聴取（第十八条の二）
第四節　督促等（第十九条―第二十一条）	第四節　督促等（第十九条―第二十一条）
第五節　就学義務の終了（第二十二条）	第五節　就学義務の終了（第二十二条）
第六節　行政手続法の適用除外（第二十二条の二）	第六節　行政手続法の適用除外（第二十二条の二）
第二章　視覚障害者等の障害の程度（第二十二条の三）	第二章　視覚障害者等の障害の程度（第二十二条の三）
第三章　認可、届出等	第三章　認可、届出等
第一節　認可及び届出等（第二十三条―第二十八条）	第一節　認可及び届出等（第二十三条―第二十八条）
第二節　学期、休業日及び学校廃止後の書類の保存（第二十九条―第三十一条）	第二節　学期、休業日及び学校廃止後の書類の保存（第二十九条―第三十一条）
第四章　技能教育施設の指定（第三十二条―第三十九条）	第四章　技能教育施設の指定（第三十二条―第三十九条）
第五章　認証評価（第四十条）	第五章　認証評価（第四十条）
第六章　審議会等（第四十一条―第四十三条）	第六章　審議会等（第四十一条―第四十三条）

附則

第二節　小学校、中学校、義務教育学校及び中等教育学校

（入学期日等の通知、学校の指定）

第五条　市町村の教育委員会は、就学予定者（法第十七条第一項又は第二項の規定により、翌学年の初めから小学校、中学校、義務教育学校、中等教育学校又は特別支援学校に就学させるべき者をいう。以下同じ。）のうち、認定特別支援学校就学者（視覚障害者、聴覚障害者、知的障害者、肢体不自由者又は病弱者（身体虚弱者を含む。）で、その障害が、第二十二条の三の表に規定する程度のもの（以下「視覚障害者等」という。）のうち、当該市町村の教育委員会が、その者の障害の状態、その者の教育上必要な支援の内容、地域における教育の体制の整備の状況その他の事情を勘案して、その住所の存する都道府県の設置する特別支援学校に就学させることが適当であると認める者をいう。以下同じ。）以外の者について、その保護者に対し、翌学年の初めから二月前までに、小学校、中学校又は義務教育学校の入学期日を通知しなければならない。

附則

第二節　小学校、中学校及び中等教育学校

（入学期日等の通知、学校の指定）

第五条　市町村の教育委員会は、就学予定者（法第十七条第一項又は第二項の規定により、翌学年の初めから小学校、中学校、中等教育学校又は特別支援学校に就学させるべき者をいう。以下同じ。）のうち、認定特別支援学校就学者（視覚障害者、聴覚障害者、知的障害者、肢体不自由者又は病弱者（身体虚弱者を含む。）で、その障害が、第二十二条の三の表に規定する程度のもの（以下「視覚障害者等」という。）のうち、当該市町村の教育委員会が、その者の障害の状態、その者の教育上必要な支援の内容、地域における教育の体制の整備の状況その他の事情を勘案して、その住所の存する都道府県の設置する特別支援学校に就学させることが適当であると認める者をいう。以下同じ。）以外の者について、その保護者に対し、翌学年の初めから二月前までに、小学校又は中学校の入学期日を通知しなければならない。

2　市町村の教育委員会は、当該市町村の設置する小学校及び義務教育学校の数の合計数が二以上である場合又は当該市町村の設置する中学校（法第七十一条の規定により高等学校における教育と一貫した教育を施すもの（以下「併設型中学校」という。）を除く。以下この項、次条第七号、第六条の三第一項、第七条及び第八条において同じ。）及び義務教育学校の数の合計数が二以上である場合においては、前項の通知において当該就学予定者の就学すべき小学校、中学校又は義務教育学校を指定しなければならない。

3　（略）

第六条　前条の規定は、次に掲げる者について準用する。この場合において、同条第一項中「翌学年の初めから二月前までに」とあるのは、「速やかに」と読み替えるものとする。

一　就学予定者で前条第一項に規定する通知の期限の翌日以後に当該市町村の教育委員会が作成した学齢簿に新たに記載されたもの又は学齢児童若しくは学齢生徒でその住所地の変更により当該学齢簿に新たに記載されたもの（認定特別支援学校就学者及び当該市町村の設置する小学校、中学校又は義務教育学校に在学する

2　市町村の教育委員会は、当該市町村の設置する小学校又は中学校（法第七十一条の規定により高等学校における教育と一貫した教育を施すもの（以下「併設型中学校」という。）を除く。以下この項、次条第七号、第六条の三第一項、第七条及び第八条において同じ。）が二校以上ある場合においては、前項の通知において当該就学予定者の就学すべき小学校又は中学校を指定しなければならない。

3　（略）

第六条　前条の規定は、次に掲げる者について準用する。この場合において、同条第一項中「翌学年の初めから二月前までに」とあるのは、「速やかに」と読み替えるものとする。

一　就学予定者で前条第一項に規定する通知の期限の翌日以後に当該市町村の教育委員会が作成した学齢簿に新たに記載されたもの又は学齢児童若しくは学齢生徒でその住所地の変更により当該学齢簿に新たに記載されたもの（認定特別支援学校就学者及び当該市町村の設置する小学校又は中学校に在学する者を除く。）

者を除く。）

二　次条第二項の通知を受けた学齢児童又は学齢生徒

三　第六条の三第二項の通知を受けた学齢児童又は学齢生徒（同条第三項の通知に係る学齢児童及び学齢生徒を除く。）

四　第十条又は第十八条の通知を受けた学齢児童又は学齢生徒（認定特別支援学校就学者を除く。）

五　第十二条第一項の通知を受けた学齢児童又は学齢生徒のうち、認定特別支援学校就学者の認定をした者以外の者（同条第三項の通知に係る学齢児童及び学齢生徒を除く。）

六　第十二条の二第一項の通知を受けた学齢児童又は学齢生徒のうち、認定特別支援学校就学者の認定をした者以外の者（同条第三項の通知に係る学齢児童及び学齢生徒を除く。）

七　小学校、中学校又は義務教育学校の新設、廃止等によりその就学させるべき小学校、中学校又は義務教育学校を変更する必要を生じた児童生徒等

第六条の三　特別支援学校に在学する学齢児童又は学齢生徒でその障害の状態、その者の教育上必要な支援の内容、地域における教育の体制の整備の状況その他の事情の変

二　次条第二項の通知を受けた学齢児童又は学齢生徒

三　第六条の三第二項の通知を受けた学齢児童又は学齢生徒（同条第三項の通知に係る学齢児童及び学齢生徒を除く。）

四　第十条又は第十八条の通知を受けた学齢児童又は学齢生徒（認定特別支援学校就学者を除く。）

五　第十二条第一項の通知を受けた学齢児童又は学齢生徒のうち、認定特別支援学校就学者の認定をした者以外の者（同条第三項の通知に係る学齢児童及び学齢生徒を除く。）

六　第十二条の二第一項の通知を受けた学齢児童又は学齢生徒のうち、認定特別支援学校就学者の認定をした者以外の者（同条第三項の通知に係る学齢児童及び学齢生徒を除く。）

七　小学校又は中学校の新設、廃止等によりその就学させるべき小学校又は中学校を変更する必要を生じた児童生徒等

第六条の三　特別支援学校に在学する学齢児童又は学齢生徒でその障害の状態、その者の教育上必要な支援の内容、地域における教育の体制の整備の状況その他の事情の変

化により当該学齢児童又は学齢生徒の住所の存する市町村の設置する小学校、中学校又は義務教育学校に就学することが適当であると思料するもの（視覚障害者等でなくなつた者を除く。）があるときは、当該学齢児童又は学齢生徒の在学する特別支援学校の校長は、速やかに、当該学齢児童又は学齢生徒の住所の存する都道府県の教育委員会に対し、その旨を通知しなければならない。

2～4（略）

第六条の四　学齢児童及び学齢生徒のうち視覚障害者等で小学校、中学校、義務教育学校又は中等教育学校に在学するもののうち視覚障害者等でなくなつたものがあるときは、その在学する小学校、中学校、義務教育学校又は中等教育学校の校長は、速やかに、当該学齢児童又は学齢生徒の住所の存する市町村の教育委員会に対し、その旨を通知しなければならない。

第七条　市町村の教育委員会は、第五条第一項（第六条において準用する場合を含む。）の通知と同時に、当該児童生徒等を就学させるべき小学校、中学校又は義務教育学校の校長に対し、当該児童生徒等の氏名及び入学期日を通知しなければならない。

化により当該学齢児童又は学齢生徒の住所の存する市町村の設置する小学校又は中学校に就学することが適当であると思料するもの（視覚障害者等でなくなつた者を除く。）があるときは、当該学齢児童又は学齢生徒の在学する特別支援学校の校長は、速やかに、当該学齢児童又は学齢生徒の住所の存する都道府県の教育委員会に対し、その旨を通知しなければならない。

2～4（略）

第六条の四　学齢児童及び学齢生徒のうち視覚障害者等で小学校、中学校又は中等教育学校に在学するもののうち視覚障害者等でなくなつたものがあるときは、その在学する小学校、中学校又は中等教育学校の校長は、速やかに、当該学齢児童又は学齢生徒の住所の存する市町村の教育委員会に対し、その旨を通知しなければならない。

第七条　市町村の教育委員会は、第五条第一項（第六条において準用する場合を含む。）の通知と同時に、当該児童生徒等を就学させるべき小学校又は中学校の校長に対し、当該児童生徒等の氏名及び入学期日を通知しなければならない。

第八条　市町村の教育委員会は、第五条第二項（第六条において準用する場合を含む。）の場合において、相当と認めるときは、保護者の申立てにより、その指定した小学校、中学校又は義務教育学校を変更することができる。この場合においては、速やかに、その保護者及び前条の通知をした小学校、中学校又は義務教育学校の校長に対し、その旨を通知するとともに、新たに指定した小学校、中学校又は義務教育学校の校長に対し、同条の通知をしなければならない。

（区域外就学等）

第九条　児童生徒等をその住所の存する市町村の設置する小学校、中学校（併設型中学校を除く。）又は義務教育学校以外の小学校、中学校、義務教育学校又は中等教育学校に就学させようとする場合には、その保護者は、就学させようとする小学校、中学校、義務教育学校又は中等教育学校が市町村又は都道府県の設置するものであるときは当該市町村又は都道府県の教育委員会の、その他のものであるときは当該小学校、中学校、義務教育学校又は中等教育学校における就学を承諾する権限を有する者の承諾を証する書面を添え、その旨をその児童生徒等の住所の存する市町村の教育委員会に届け出なければな

第八条　市町村の教育委員会は、第五条第二項（第六条において準用する場合を含む。）の場合において、相当と認めるときは、保護者の申立により、その指定した小学校又は中学校を変更することができる。この場合においては、すみやかに、その保護者及び前条の通知をした小学校又は中学校の校長に対し、その旨を通知するとともに、新たに指定した小学校又は中学校の校長に対し、同条の通知をしなければならない。

（区域外就学等）

第九条　児童生徒等をその住所の存する市町村の設置する小学校又は中学校（併設型中学校を除く。）以外の小学校、中学校又は中等教育学校に就学させようとする場合には、その保護者は、就学させようとする小学校、中学校又は中等教育学校が市町村又は都道府県の設置するものであるときは当該市町村又は都道府県の教育委員会の、その他のものであるときは当該小学校、中学校又は中等教育学校における就学を承諾する権限を有する者の承諾を証する書面を添え、その旨をその児童生徒等の住所の存する市町村の教育委員会に届け出なければならない。

らない。

2　市町村の教育委員会は、前項の承諾（当該市町村の設置する小学校、中学校（併設型中学校を除く。）又は義務教育学校への就学に係るものに限る。）を与えようとする場合には、あらかじめ、児童生徒等の住所の存する市町村の教育委員会に協議するものとする。

第十条　学齢児童及び学齢生徒でその住所の存する市町村の設置する小学校、中学校（併設型中学校を除く。）又は義務教育学校以外の小学校、中学校若しくは義務教育学校又は中等教育学校に在学するものが、小学校、中学校若しくは義務教育学校又は中等教育学校の前期課程の全課程を修了する前に退学したときは、当該小学校、中学校若しくは義務教育学校又は中等教育学校の校長は、速やかに、その旨を当該学齢児童又は学齢生徒の住所の存する市町村の教育委員会に通知しなければならない。

第十一条の二　前条の規定は、小学校又は義務教育学校の前期課程に在学する学齢児童のうち視覚障害者等で翌学年の初めから特別支援学校の中学部に就学させるべき者として認定特別支援学校就学者の認定をしたものについて準用する。

2　市町村の教育委員会は、前項の承諾（当該市町村の設置する小学校又は中学校（併設型中学校を除く。）への就学に係るものに限る。）を与えようとする場合には、あらかじめ、児童生徒等の住所の存する市町村の教育委員会に協議するものとする。

第十条　学齢児童及び学齢生徒でその住所の存する市町村の設置する小学校又は中学校（併設型中学校を除く。）以外の小学校若しくは中学校又は中等教育学校に在学するものが、小学校若しくは中学校又は中等教育学校の前期課程の全課程を修了する前に退学したときは、当該小学校若しくは中学校又は中等教育学校の校長は、速やかに、その旨を当該学齢児童又は学齢生徒の住所の存する市町村の教育委員会に通知しなければならない。

第十一条の二　前条の規定は、小学校に在学する学齢児童のうち視覚障害者等で翌学年の初めから特別支援学校の中学部に就学させるべき者として認定特別支援学校就学者の認定をしたものについて準用する。

第十二条　小学校、中学校、義務教育学校又は中等教育学校に在学する学齢児童又は学齢生徒で視覚障害者等になつたものがあるときは、当該学齢児童又は学齢生徒の在学する小学校、中学校、義務教育学校又は中等教育学校の校長は、速やかに、当該学齢児童又は学齢生徒の住所の存する市町村の教育委員会に対し、その旨を通知しなければならない。

2　（略）

3　第一項の規定による通知を受けた市町村の教育委員会は、同項の通知を受けた学齢児童又は学齢生徒について現に在学する小学校、中学校、義務教育学校又は中等教育学校に引き続き就学させることが適当であると認めたときは、同項の校長に対し、その旨を通知しなければならない。

第十二条の二　学齢児童及び学齢生徒のうち視覚障害者等で小学校、中学校、義務教育学校又は中等教育学校に在学するもののうち、その障害の状態、その者の教育上必要な支援の内容、地域における教育の体制の整備の状況その他の事情の変化によりこれらの小学校、中学校、義務教育学校又は中等教育学校に就学させることが適当でなくなつたと思料するものがあるときは、当該学齢児童

第十二条　小学校、中学校又は中等教育学校に在学する学齢児童又は学齢生徒で視覚障害者等になつたものがあるときは、当該学齢児童又は学齢生徒の在学する小学校、中学校又は中等教育学校の校長は、速やかに、当該学齢児童又は学齢生徒の住所の存する市町村の教育委員会に対し、その旨を通知しなければならない。

2　（略）

3　第一項の規定による通知を受けた市町村の教育委員会は、同項の通知を受けた学齢児童又は学齢生徒について現に在学する小学校、中学校又は中等教育学校に引き続き就学させることが適当であると認めたときは、同項の校長に対し、その旨を通知しなければならない。

第十二条の二　学齢児童及び学齢生徒のうち視覚障害者等で小学校、中学校又は中等教育学校に在学するもののうち、その障害の状態、その者の教育上必要な支援の内容、地域における教育の体制の整備の状況その他の事情の変化によりこれらの小学校、中学校又は中等教育学校に就学させることが適当でなくなつたと思料するものがあるときは、当該学齢児童又は学齢生徒の在学する小学校、

又は学齢生徒の在学する小学校、中学校、義務教育学校又は中等教育学校の校長は、当該学齢児童又は学齢生徒の住所の存する市町村の教育委員会に対し、速やかに、その旨を通知しなければならない。

2　（略）

3　第一項の規定による通知を受けた市町村の教育委員会は、同項の通知を受けた学齢児童又は学齢生徒について現に在学する小学校、中学校、義務教育学校又は中等教育学校に引き続き就学させることが適当であると認めたときは、同項の校長に対し、その旨を通知しなければならない。

（校長の義務）

第十九条　小学校、中学校、義務教育学校、中等教育学校及び特別支援学校の校長は、常に、その学校に在学する学齢児童又は学齢生徒の出席状況を明らかにしておかなければならない。

第二十条　小学校、中学校、義務教育学校、中等教育学校及び特別支援学校の校長は、当該学校に在学する学齢児童又は学齢生徒が、休業日を除き引き続き七日間出席せず、その他その出席状況が良好でない場合において、そ

中学校又は中等教育学校の校長は、当該学齢児童又は学齢生徒の住所の存する市町村の教育委員会に対し、速やかに、その旨を通知しなければならない。

2　（略）

3　第一項の規定による通知を受けた市町村の教育委員会は、同項の通知を受けた学齢児童又は学齢生徒について現に在学する小学校、中学校又は中等教育学校に引き続き就学させることが適当であると認めたときは、同項の校長に対し、その旨を通知しなければならない。

（校長の義務）

第十九条　小学校、中学校、中等教育学校及び特別支援学校の校長は、常に、その学校に在学する学齢児童又は学齢生徒の出席状況を明らかにしておかなければならない。

第二十条　小学校、中学校、中等教育学校及び特別支援学校の校長は、当該学校に在学する学齢児童又は学齢生徒が、休業日を除き引き続き七日間出席せず、その他その出席状況が良好でない場合において、その出席させない

の出席させないことについて保護者に正当な事由がないと認められるときは、速やかに、その旨を当該学齢児童又は学齢生徒の住所の存する市町村の教育委員会に通知しなければならない。

（全課程修了者の通知）

第二十二条　小学校、中学校、義務教育学校、中等教育学校及び特別支援学校の校長は、毎学年の終了後、速やかに、小学校、中学校、義務教育学校の前期課程若しくは後期課程、中等教育学校の前期課程又は特別支援学校の小学部若しくは中学部の全課程を修了した者の氏名をその者の住所の存する市町村の教育委員会に通知しなければならない。

（市町村立小中学校等の設置廃止等についての届出）

第二十五条　市町村の教育委員会は、当該市町村の設置する小学校、中学校又は義務教育学校（第五号の場合にあつては、特別支援学校の小学部及び中学部を含む。）について次に掲げる事由があるときは、その旨を都道府県の教育委員会に届け出なければならない。

一～五（略）

ことについて保護者に正当な事由がないと認められるときは、速やかに、その旨を当該学齢児童又は学齢生徒の住所の存する市町村の教育委員会に通知しなければならない。

（全課程修了者の通知）

第二十二条　小学校、中学校、中等教育学校及び特別支援学校の校長は、毎学年の終了後、速やかに、小学校、中学校、中等教育学校の前期課程又は特別支援学校の小学部若しくは中学部の全課程を修了した者の氏名をその者の住所の存する市町村の教育委員会に通知しなければならない。

（市町村立小中学校等の設置廃止等についての届出）

第二十五条　市町村の教育委員会は、当該市町村の設置する小学校又は中学校（第五号の場合にあつては、特別支援学校の小学部及び中学部を含む。）について次に掲げる事由があるときは、その旨を都道府県の教育委員会に届け出なければならない。

一～五（略）

<table>
<tr><td>（法第三十四条第三項の審議会等）
第四十一条　法第三十四条第三項（法第四十九条、第四十九条の八、第六十二条、第七十条第一項及び第八十二条において準用する場合を含む。）に規定する審議会等は、教科用図書検定調査審議会とする。</td><td>（法第三十四条第三項の審議会等）
第四十一条　法第三十四条第三項（法第四十九条、第六十二条、第七十条第一項及び第八十二条において準用する場合を含む。）に規定する審議会等は、教科用図書検定調査審議会とする。</td></tr>
</table>

○公立義務教育諸学校の学級編制及び教職員定数の標準に関する法律施行令（昭和三三年政令第二〇二号）

（傍線部分は改正部分）

<table>
<tr><th>改正後</th><th>改正前</th></tr>
<tr><td>（数学年の児童又は生徒を一学級に編制する場合の標準）
第一条　公立義務教育諸学校の学級編制及び教職員定数の標準に関する法律（以下「法」という。）第三条第一項ただし書の規定に基づく学級の編制は、次の表の上欄に掲げる児童又は生徒の数の区分に応じ、同表の下欄に掲げる児童又は生徒で行うものとする。
<table>
<tr><th>児童又は生徒の数</th><th>一学級に編制する児童又は生徒</th></tr>
<tr><td>小学校（義務教育学校の前期課程を含む。以下この条において同じ。）</td><td>当該児童</td></tr>
</table></td><td>（数学年の児童又は生徒を一学級に編制する場合の標準）
第一条　公立義務教育諸学校の学級編制及び教職員定数の標準に関する法律（以下「法」という。）第三条第一項ただし書の規定に基づく学級の編制は、次の表の上欄に掲げる児童又は生徒の数の区分に応じ、同表の下欄に掲げる児童又は生徒で行うものとする。
<table>
<tr><th>児童又は生徒の数</th><th>一学級に編制する児童又は生徒</th></tr>
<tr><td>小学校の第一学年の児童の数と当該学年に引き続く一の学年の児童の数</td><td>当該児童</td></tr>
</table></td></tr>
</table>

の第一学年の児童の数と当該学年に引き続く一の学年の児童の数との合計数が八人以下である場合（当該引き続く一の学年が小学校の第二学年以外の学年である場合で、小学校の第一学年又は当該引き続く一の学年のいずれかの児童の数が四人を超えるときを除く。）	
小学校の引き続く二の学年（第一学年を含むものを除く。）の児童の数の合計数が十六人以下である場合（当該引き続く二の学年が一の学年と当該学年より一学年上の学年及び一学年下の学年以外の学年とである場合で、当該引き続く二の学年のいずれかの児童の数が八人を超えるときを除く。）	当該児童
中学校（義務教育学校の後期課程及び中等教育学校の前期課程を含む。以下この条において同じ。）の引き続く二の学年の生徒の数の合計数が	当該生徒

との合計数が八人以下である場合（当該引き続く一の学年が小学校の第二学年以外の学年である場合で、小学校の第一学年又は当該引き続く一の学年のいずれかの児童の数が四人を超えるときを除く。）	
小学校の引き続く二の学年（第一学年を含むものを除く。）の児童の数の合計数が十六人以下である場合（当該引き続く二の学年が一の学年と当該学年より一学年上の学年及び一学年下の学年以外の学年とである場合で、当該引き続く二の学年のいずれかの児童の数が八人を超えるときを除く。）	当該児童
中学校（中等教育学校の前期課程を含む。以下この条において同じ。）の引き続く二の学年の生徒の数の合計数が八人以下である場合（当該引	当該生徒

八人以下である場合（当該引き続く二の学年が中学校の第一学年と第三学年とである場合で、これらの学年のいずれかの生徒の数が四人を超えるときを除く。）	
小学校又は中学校の特別支援学級に編制する二以上の学年の児童又は生徒の数の合計数が八人以下である場合	当該児童又は生徒
特別支援学校の小学部又は中学部の重複障害学級（法第三条第三項の規定により文部科学大臣が定める障害を二以上併せ有する児童又は生徒で編制する学級をいう。）に編制する二以上の学年の児童又は生徒の数の合計数が三人以下である場合	当該児童又は生徒

（複数の教頭及び教諭等の協力による指導が行われる場合等における教頭及び教諭等の数の算定）

第二条　法第七条第二項の政令で定める数は、都道府県の教育委員会が小学校、中学校若しくは義務教育学校又は

き続く二の学年が中学校の第一学年と第三学年とである場合で、これらの学年のいずれかの生徒の数が四人を超えるときを除く。）	
小学校又は中学校の特別支援学級に編制する二以上の学年の児童又は生徒の数の合計数が八人以下である場合	当該児童又は生徒
特別支援学校の小学部又は中学部の重複障害学級（法第三条第三項の規定により文部科学大臣が定める障害を二以上併せ有する児童又は生徒で編制する学級をいう。）に編制する二以上の学年の児童又は生徒の数の合計数が三人以下である場合	当該児童又は生徒

（複数の教頭及び教諭等の協力による指導が行われる場合等における教頭及び教諭等の数の算定）

第二条　法第七条第二項の政令で定める数は、都道府県の教育委員会が小学校若しくは中学校又は中等教育学校の

中等教育学校の前期課程において行われる複数の教頭及び教諭等（同条第一項に規定する教頭及び教諭等をいう。以下この条及び第七条において同じ。）の協力による指導に係る授業時数及び児童又は生徒の数、小学校、中学校若しくは義務教育学校又は中等教育学校の前期課程において行われる少数の児童又は生徒により構成される集団を単位とした指導に係る授業時数及び児童又は生徒の数、中学校、義務教育学校の後期課程又は中等教育学校の前期課程において開設される選択教科の数及び授業時数並びに当該選択教科の履修に係る生徒の数、小学校又は義務教育学校の前期課程において行われる専門的な知識又は技能に係る教科等に関する専門的な指導に係る授業時数及び児童の数その他の事情を勘案して教頭及び教諭等を置くことについての配慮を必要とすると認める学校の数等を考慮し、文部科学大臣が定める数とする。

（養護教諭等の数の算定）

第三条　法第八条第三号の政令で定めるところにより算定する数は、次に定めるところにより算定した数を合計した数とする。

一　医療機関（医療法（昭和二十三年法律第二百五号）第一条の五に規定する病院又は診療所（医師が常駐し

前期課程において行われる複数の教頭及び教諭等（同条第一項に規定する教頭及び教諭等をいう。以下この条及び第七条において同じ。）の協力による指導に係る授業時数及び児童又は生徒の数、小学校若しくは中学校又は中等教育学校の前期課程において行われる少数の児童又は生徒により構成される集団を単位とした指導に係る授業時数及び児童又は生徒の数、中学校又は中等教育学校の前期課程において開設される選択教科の数及び授業時数並びに当該選択教科の履修に係る生徒の数、小学校において行われる専門的な知識又は技能に係る教科等に関する専門的な指導に係る授業時数及び児童の数その他の事情を勘案して教頭及び教諭等を置くことについての配慮を必要とすると認める学校の数等を考慮し、文部科学大臣が定める数とする。

（養護教諭等の数の算定）

第三条　法第八条第三号の政令で定めるところにより算定する数は、次に定めるところにより算定した数を合計した数とする。

一　医療機関（医療法（昭和二十三年法律第二百五号）第一条の五に規定する病院又は診療所（医師が常駐し

ていないもの及び歯科医業のみを行うものを除く。）をいう。次号において同じ。）が存しない市町村で二学級以下の小学校（義務教育学校の前期課程を含む。同号において同じ。）若しくは中学校（義務教育学校の後期課程を含む。同号において同じ。）又は中等教育学校の前期課程を設置するものの数に一を乗じて得た数

二　医療機関が存しない離島地域（島の全部又は一部の地域で離島振興法（昭和二十八年法律第七十二号）第二条第一項の規定に基づく離島振興対策実施地域の指定に係るもの、奄美群島振興開発特別措置法（昭和二十九年法律第百八十九号）第一条に規定する奄美群島の区域内に存する島の地域及び沖縄振興特別措置法（平成十四年法律第十四号）第三条第三号に規定する離島の地域をいう。）で当該離島地域内に二学級以下の小学校若しくは中学校又は中等教育学校の前期課程の存するもの（以下この号において「小規模校所在離島地域」という。）の数に一を乗じて得た数（小規模校所在離島地域のみをその区域とする市町村が存する場合には、当該乗じて得た数から当該市町村の数に一を乗じて得た数を減ずるものとする。）

2　（略）

ていないもの及び歯科医業のみを行うものを除く。）をいう。次号において同じ。）が存しない市町村で二学級以下の小学校若しくは中学校又は中等教育学校の前期課程を設置するものの数に一を乗じて得た数

二　医療機関が存しない離島地域（島の全部又は一部の地域で離島振興法（昭和二十八年法律第七十二号）第二条第一項の規定に基づく離島振興対策実施地域の指定に係るもの、奄美群島振興開発特別措置法（昭和二十九年法律第百八十九号）第一条に規定する奄美群島の区域内に存する島の地域及び沖縄振興特別措置法（平成十四年法律第十四号）第三条第三号に規定する離島の地域をいう。）で当該離島地域内に二学級以下の小学校若しくは中学校又は中等教育学校の前期課程の存するもの（以下この号において「小規模校所在離島地域」という。）の数に一を乗じて得た数（小規模校所在離島地域のみをその区域とする市町村が存する場合には、当該乗じて得た数から当該市町村の数に一を乗じて得た数を減ずるものとする。）

2　（略）

（事務職員の数の算定）

第四条（略）

2　法第九条第四号の政令で定める小学校（義務教育学校の前期課程を含む。以下この項において同じ。）若しくは中学校（義務教育学校の後期課程を含む。以下この項において同じ。）又は中等教育学校の前期課程は、同号に規定する児童又は生徒の数が百人以上の小学校若しくは中学校又は中等教育学校の前期課程で、当該数のその学校における児童又は生徒の総数に対する割合が百分の二十五以上であるものとする。

（教職員定数の算定に関する特例）

第五条　法第十五条第一号の政令で定める教育上特別の配慮を必要とする事情は、次の各号のいずれかに該当することとし、同条の規定により教職員の数を加える場合においては、法第七条第一項の規定により統合前の各学校について算定した教職員の数の合計数と同項の規定により統合後の学校について算定した教職員の数の合計数との差を考慮して文部科学大臣が定める数を同条の規定により算定した数に加えるものとする。

一　（略）

二　平成十七年四月一日以降に行われた地方自治法第七

（事務職員の数の算定）

第四条（略）

2　法第九条第四号の政令で定める小学校若しくは中学校又は中等教育学校の前期課程は、同号に規定する児童又は生徒の数が百人以上の小学校若しくは中学校又は中等教育学校の前期課程で、当該数のその学校における児童又は生徒の総数に対する割合が百分の二十五以上であるものとする。

（教職員定数の算定に関する特例）

第五条　法第十五条第一号の政令で定める教育上特別の配慮を必要とする事情は、次の各号のいずれかに該当することとし、同条の規定により教職員の数を加える場合においては、法第七条第一項の規定により統合前の各学校について算定した教職員の数の合計数と同項の規定により統合後の学校について算定した教職員の数の合計数との差を考慮して文部科学大臣が定める数を同条の規定により算定した数に加えるものとする。

一　（略）

二　平成十七年四月一日以降に行われた地方自治法第七

条第一項又は第三項の規定による申請に係る市町村の合併（市町村の合併の特例に関する法律（平成十六年法律第五十九号）第二条第一項に規定する市町村の合併をいう。）が平成三十二年三月三十一日までに行われ、かつ、市町村の合併の特例に関する法律第六条第一項の規定に基づき作成された合併市町村基本計画に基づく統合のため教育上特別の配慮を必要とすると認められる小学校、中学校若しくは義務教育学校又は中等教育学校の前期課程であつてその統合の日から五年を経過しないものが存すること。

2　法第十五条第二号の政令で定める特別の指導は、次の各号に掲げる指導とし、同条の規定により教職員の数を加える場合においては、それぞれ当該各号に掲げる数を当該各号に定める法の規定により算定した数に加えるものとする。

一　小学校、中学校若しくは義務教育学校又は中等教育学校の前期課程において、学習指導上、生徒指導上又は進路指導上特別の配慮が必要と認められる事情を有する児童又は生徒に対して当該事情に応じた特別の指導が行われる場合にあつては、当該指導が行われる学校の数等を考慮して文部科学大臣が定める数　第七条

二　小学校、中学校若しくは義務教育学校又は中等教育

条第一項又は第三項の規定による申請に係る市町村の合併（市町村の合併の特例に関する法律（平成十六年法律第五十九号）第二条第一項に規定する市町村の合併をいう。）が平成三十二年三月三十一日までに行われ、かつ、市町村の合併の特例に関する法律第六条第一項の規定に基づき作成された合併市町村基本計画に基づく統合のため教育上特別の配慮を必要とすると認められる小学校若しくは中学校又は中等教育学校の前期課程であつてその統合の日から五年を経過しないものが存すること。

2　法第十五条第二号の政令で定める特別の指導は、次の各号に掲げる指導とし、同条の規定により教職員の数を加える場合においては、それぞれ当該各号に掲げる数を当該各号に掲げる法の規定により算定した数に加えるものとする。

一　小学校若しくは中学校又は中等教育学校の前期課程において、学習指導上、生徒指導上又は進路指導上特別の配慮が必要と認められる事情を有する児童又は生徒に対して当該事情に応じた特別の指導が行われる場合にあつては、当該指導が行われる学校の数等を考慮して文部科学大臣が定める数　第七条

二　小学校若しくは中学校又は中等教育学校の前期課程

学校の前期課程において、心身の健康を害している児童又は生徒に対してその回復のための特別の指導が行われる場合にあつては、当該指導が行われる学校の数等を考慮して文部科学大臣が定める数　第八条

三　小学校、中学校若しくは義務教育学校又は中等教育学校の前期課程（法第八条の二第三号の規定により栄養教諭等（同条に規定する栄養教諭等をいう。第七条第一項において同じ。）の数を算定する場合にあつては、共同調理場（学校給食法（昭和二十九年法律第百六十号）第六条に規定する施設をいう。第六項及び第七条第一項において同じ。）に係る小学校、中学校若しくは義務教育学校又は中等教育学校の前期課程とする。）において、著しく肥満している児童又は生徒その他の飲食に関して特別の注意が必要である児童又は生徒に対して食生活の改善のための特別の指導が行われる場合にあつては、当該指導が行われる学校の数等を考慮して文部科学大臣が定める数　第八条の二

3（略）

4　法第十五条第四号の政令で定める事情は、主幹教諭（養護又は栄養の指導及び管理をつかさどる主幹教諭を除く。）を置く小学校、中学校若しくは義務教育学校又は中等教育学校の前期課程について、当該主幹教諭の職務

において、心身の健康を害している児童又は生徒に対してその回復のための特別の指導が行われる場合にあつては、当該指導が行われる学校の数等を考慮して文部科学大臣が定める数　第八条

三　小学校若しくは中学校又は中等教育学校の前期課程（法第八条の二第三号の規定により栄養教諭等（同条に規定する栄養教諭等をいう。第七条第一項において同じ。）の数を算定する場合にあつては、共同調理場（学校給食法（昭和二十九年法律第百六十号）第六条に規定する施設をいう。第六項及び第七条第一項において同じ。）に係る小学校若しくは中学校又は中等教育学校の前期課程とする。）において、著しく肥満している児童又は生徒その他の飲食に関して特別の注意が必要である児童又は生徒に対して食生活の改善のための特別の指導が行われる場合にあつては、当該指導が行われる学校の数等を考慮して文部科学大臣が定める数　第八条の二

3（略）

4　法第十五条第四号の政令で定める事情は、主幹教諭（養護又は栄養の指導及び管理をつかさどる主幹教諭を除く。）を置く小学校若しくは中学校又は中等教育学校の前期課程について、当該主幹教諭の職務の内容並びに当

の内容並びに当該学校の規模、教職員の配置の状況その他の組織及び運営の状況を勘案し、当該学校の効果的かつ効率的な運営を図るため、当該主幹教諭がその校務の整理に係る職責を十分に果たすことができるよう、当該学校の人的体制の整備を行うことが特に必要であると認められることとし、同条の規定により教職員の数を加える場合においては、当該整備を行うことが特に必要であると認められる学校の数等を考慮して文部科学大臣が定める数を法第七条の規定により算定した数に加えるものとする。

5　法第十五条第五号の政令で定める事情は、小学校、中学校若しくは義務教育学校又は中等教育学校の前期課程について、当該学校を含む複数の義務教育諸学校において多様な人材の活用、情報化の促進等により多様な教育が行われる場合に当該学校がそのための事務処理の拠点となつていることとし、同条の規定により教職員の数を加える場合においては、当該拠点となつている学校の数等を考慮して文部科学大臣が定める数を法第九条の規定により算定した数に加えるものとする。

6　（略）

（教職員定数の短時間勤務の職を占める者等の数への換

該学校の規模、教職員の配置の状況その他の組織及び運営の状況を勘案し、当該学校の効果的かつ効率的な運営を図るため、当該主幹教諭がその校務の整理に係る職責を十分に果たすことができるよう、当該学校の人的体制の整備を行うことが特に必要であると認められることとし、同条の規定により教職員の数を加える場合においては、当該整備を行うことが特に必要であると認められる学校の数等を考慮して文部科学大臣が定める数を法第七条の規定により算定した数に加えるものとする。

5　法第十五条第五号の政令で定める事情は、小学校若しくは中学校又は中等教育学校の前期課程について、当該学校を含む複数の義務教育諸学校において多様な人材の活用、情報化の促進等により多様な教育が行われる場合に当該学校がそのための事務処理の拠点となつていることとし、同条の規定により教職員の数を加える場合においては、当該拠点となつている学校の数等を考慮して文部科学大臣が定める数を法第九条の規定により算定した数に加えるものとする。

6　（略）

（教職員定数の短時間勤務の職を占める者等の数への換

算の方法）

第七条　法第十七条第一項の規定により教職員の数を校長、副校長、教頭、主幹教諭、指導教諭、教諭、養護教諭、栄養教諭、助教諭、養護助教諭、講師、寄宿舎指導員、学校栄養職員又は事務職員で地方公務員法（昭和二十五年法律第二百六十一号）第二十八条の五第一項に規定する短時間勤務の職を占める者（以下この項において「短時間勤務職員」という。）の数に換算する場合においては、公立の小学校、中学校及び義務教育学校並びに中等教育学校の前期課程（共同調理場を含む。）の教職員の数に係る場合にあつては校長、教頭及び教諭等、養護教諭等（法第八条に規定する養護教諭等をいう。以下この項において同じ。）、栄養教諭等又は事務職員の別、公立の特別支援学校の小学部及び中学部の教職員の数に係る場合にあつては校長、教頭及び教諭等、養護教諭等、栄養教諭等、寄宿舎指導員又は事務職員の別ごとに、第一号に掲げる数が第二号に掲げる数と等しくなる場合における当該条件を満たす短時間勤務職員の数に換算するものとする。

一　換算しようとする教職員の数

二　短時間勤務職員の一週間当たりの通常の勤務時間数（以下この条において「週当たり勤務時間数」という。）

算の方法）

第七条　法第十七条第一項の規定により教職員の数を校長、副校長、教頭、主幹教諭、指導教諭、教諭、養護教諭、栄養教諭、助教諭、養護助教諭、講師、寄宿舎指導員、学校栄養職員又は事務職員で地方公務員法（昭和二十五年法律第二百六十一号）第二十八条の五第一項に規定する短時間勤務の職を占める者（以下この項において「短時間勤務職員」という。）の数に換算する場合においては、公立の小学校及び中学校並びに中等教育学校の前期課程（共同調理場を含む。）の教職員の数に係る場合にあつては校長、教頭及び教諭等、養護教諭等（法第八条に規定する養護教諭等をいう。以下この項において同じ。）、栄養教諭等又は事務職員の別、公立の特別支援学校の小学部及び中学部の教職員の数に係る場合にあつては校長、教頭及び教諭等、養護教諭等、栄養教諭等、寄宿舎指導員又は事務職員の別ごとに、第一号に掲げる数が第二号に掲げる数と等しくなる場合における当該条件を満たす短時間勤務職員の数に換算するものとする。

一　換算しようとする教職員の数

二　短時間勤務職員の一週間当たりの通常の勤務時間数（以下この条において「週当たり勤務時間数」という。）

による区分ごとに当該週当たり勤務時間数に当該区分に係る短時間勤務職員の数を乗じて得た数の合計数を四十で除して得た数（一未満の端数を生じた場合にあつては、小数点以下第一位の数字が五以上であるときは一に切り上げ、四以下であるときは切り捨てる。次項において同じ。）

2　法第十七条第二項の規定により教頭及び教諭等の数を同項に規定する非常勤の講師（以下この項において単に「非常勤の講師」という。）の数に換算する場合においては、公立の小学校、中学校及び義務教育学校並びに中等教育学校の前期課程の教頭及び教諭等又は公立の特別支援学校の小学部及び中学部の教頭及び教諭等ごとに、第一号に掲げる数が第二号に掲げる数と等しくなる場合における当該条件を満たす非常勤の講師の数に換算するものとする。

一　換算しようとする教頭及び教諭等の数

二　非常勤の講師の週当たり勤務時間数による区分ごとに当該週当たり勤務時間数に当該区分に係る非常勤の講師の数を乗じて得た数の合計数を四十で除して得た数

による区分ごとに当該週当たり勤務時間数に当該区分に係る短時間勤務職員の数を乗じて得た数の合計数を四十で除して得た数（一未満の端数を生じた場合にあつては、小数点以下第一位の数字が五以上であるときは一に切り上げ、四以下であるときは切り捨てる。次項において同じ。）

2　法第十七条第二項の規定により教頭及び教諭等の数を同項に規定する非常勤の講師（以下この項において単に「非常勤の講師」という。）の数に換算する場合においては、公立の小学校及び中学校並びに中等教育学校の前期課程の教頭及び教諭等又は公立の特別支援学校の小学部及び中学部の教頭及び教諭等ごとに、第一号に掲げる数が第二号に掲げる数と等しくなる場合における当該条件を満たす非常勤の講師の数に換算するものとする。

一　換算しようとする教頭及び教諭等の数

二　非常勤の講師の週当たり勤務時間数による区分ごとに当該週当たり勤務時間数に当該区分に係る非常勤の講師の数を乗じて得た数の合計数を四十で除して得た数

○義務教育費国庫負担法第二条ただし書の規定に基づき教職員の給与及び報酬等に要する経費の国庫負担額の最高限度を定める政令（平成一六年政令第一五七号）

（傍線部分は改正部分）

改正後	改正前
（定義） 第一条　この政令において、次の各号に掲げる用語の意義は、当該各号に定めるところによる。 一～三　（略） 四　教員基礎給料月額　各都道府県ごとに、当該年度の五月一日に在職する公立の小学校、中学校及び義務教育学校並びに中等教育学校の前期課程（都道府県立の小学校、中学校（学校教育法（昭和二十二年法律第二十六号）第七十一条の規定により高等学校における教育と一貫した教育を施すものを除く。以下「小学校等」という。）及び義務教育学校を除く。）の一般教職員（栄養教諭等（学校給食法（昭和二十九年法律第百六十号）第七条に規定する職員をいう。以下同じ。）、寄宿舎指導員及び事務職員を除く。以下この号において同じ。）の一人当たりの給料（給料の調整額及び教職調整額を除く。以下同じ。）の月額として、国家公務員の俸給、学校教育の水準の維持向上のための義務教育諸学校の教育職員の人材確保に関する特別措置法	（定義） 第一条　この政令において、次の各号に掲げる用語の意義は、当該各号に定めるところによる。 一～三　（略） 四　教員基礎給料月額　各都道府県ごとに、当該年度の五月一日に在職する公立の小学校及び中学校並びに中等教育学校の前期課程（都道府県立の小学校及び中学校（学校教育法（昭和二十二年法律第二十六号）第七十一条の規定により高等学校における教育と一貫した教育を施すものを除く。）を除く。以下「小学校等」という。）の一般教職員（栄養教諭等（学校給食法（昭和二十九年法律第百六十号）第七条に規定する職員をいう。以下同じ。）、寄宿舎指導員及び事務職員を除く。以下この号において同じ。）の一人当たりの給料（給料の調整額及び教職調整額を除く。以下同じ。）の月額として、国家公務員の俸給、学校教育の水準の維持向上のための義務教育諸学校の教育職員の人材確保に関する特別措置法（昭和四十九年法律第二号。以下「人

改正後	改正前
（昭和四十九年法律第二号。以下「人材確保法」という。）第三条の規定により講じられている措置及び当該都道府県における経験年数別の公立の小学校等の一般教職員の実数等を勘案して文部科学省令で定めるところにより算定した額をいう。	材確保法」という。）第三条の規定により講じられている措置及び当該都道府県における経験年数別の公立の小学校等の一般教職員の実数等を勘案して文部科学省令で定めるところにより算定した額をいう。
五～十一　（略）	五～十一　（略）

○義務教育諸学校等の施設費の国庫負担等に関する法律施行令（昭和三三年政令第一八九号）

（傍線部分は改正部分）

改正後	改正前
（教室の不足の範囲）	（教室の不足の範囲）
第三条　法第三条第一項第一号の教室の不足の範囲は、当該学校の保有する教室について、普通教室の数若しくは総面積、次の表に掲げる特別教室の種類ごとの数の合計数若しくはこれらの特別教室の総面積又は多目的教室（複数の学級の児童又は生徒を対象とする授業その他多様な指導方法による授業又は課外指導で普通教室又は特別教室において行うことが困難と認められるものの用に供するものとして設けられる教室で、併せて児童又は生徒の学校生活の用に供することができるものをいう。以下この項及び第七条第一項において同じ。）の総面積若	第三条　法第三条第一項第一号の教室の不足の範囲は、当該学校の保有する教室について、普通教室の数若しくは総面積、次の表に掲げる特別教室の種類ごとの数の合計数若しくはこれらの特別教室の総面積又は多目的教室（複数の学級の児童又は生徒を対象とする授業その他多様な指導方法による授業又は課外指導で普通教室又は特別教室において行うことが困難と認められるものの用に供するものとして設けられる教室で、併せて児童又は生徒の学校生活の用に供することができるものをいう。以下この項及び第七条第一項において同じ。）の総面積若

しくは多目的教室及び少人数授業用教室（専ら少数の児童又は生徒により構成される集団を単位として行う授業の用に供するものとして設けられる教室をいう。同項第一号において同じ。）の総面積が学級数（法第二条第三項の学級数をいう。以下同じ。）に応じ文部科学大臣が定める基準に達しない場合とする。

学校の種類	特別教室の種類
小学校	理科教室、生活教室、音楽教室、図画工作教室、家庭教室、視聴覚教室、コンピュータ教室、図書室、特別活動室、教育相談室
中学校	理科教室、音楽教室、美術教室、技術教室、家庭教室、外国語教室、視聴覚教室、コンピュータ教室、図書室、特別活動室、教育相談室、進路資料・指導室
義務教育学校	理科教室、生活教室、音楽教室、図画工作教室、美術教室、技術教室、家庭教室、外国語教室、視聴覚教室、コンピュータ教室、図書室、特別活動室、教育相談室、進路資料・指導室

しくは多目的教室及び少人数授業用教室（専ら少数の児童又は生徒により構成される集団を単位として行う授業の用に供するものとして設けられる教室をいう。同項第一号において同じ。）の総面積が学級数（法第二条第三項の学級数をいう。以下同じ。）に応じ文部科学大臣が定める基準に達しない場合とする。

学校の種類	特別教室の種類
小学校	理科教室、生活教室、音楽教室、図画工作教室、家庭教室、視聴覚教室、コンピュータ教室、図書室、特別活動室、教育相談室
中学校	理科教室、音楽教室、美術教室、技術教室、家庭教室、外国語教室、視聴覚教室、コンピュータ教室、図書室、特別活動室、教育相談室、進路資料・指導室

2　（略）

（適正な学校規模の条件）

第四条　法第三条第一項第四号の適正な規模の条件は、次に掲げるものとする。

一　学級数が、小学校及び中学校にあつてはおおむね十二学級から十八学級まで、義務教育学校にあつてはおおむね十八学級から二十七学級までであること。

二　通学距離が、小学校にあつてはおおむね四キロメートル以内、中学校及び義務教育学校にあつてはおおむね六キロメートル以内であること。

2　五学級以下の学級数の小学校若しくは中学校又は八学級以下の学級数の義務教育学校と前項第一号に規定する学級数の学校とを統合する場合においては、同号中「十八学級まで」とあるのは「二十四学級まで」と、「二十七学級」とあるのは「三十六学級」とする。

3　（略）

（学級数に応ずる必要面積）

第七条　法第六条第一項前段の校舎に係る政令で定める面積は、小学校、中学校（学校教育法（昭和二十二年法律第二十六号）第七十一条の規定により高等学校における

2　（略）

（適正な学校規模の条件）

第四条　法第三条第一項第四号の適正な規模の条件は、次の各号に掲げるものとする。

一　学級数がおおむね十二学級から十八学級までであること。

二　通学距離が、小学校にあつてはおおむね四キロメートル以内、中学校にあつてはおおむね六キロメートル以内であること。

2　五学級以下の学級数の学校と前項第一号に規定する学級数の学校とを統合する場合においては、同項同号中「十八学級」とあるのは、「二十四学級」とする。

3　（略）

（学級数に応ずる必要面積）

第七条　法第六条第一項前段の校舎に係る政令で定める面積は、小学校、中学校（学校教育法（昭和二十二年法律第二十六号）第七十一条の規定により高等学校における

教育と一貫した教育を施すものを除く。以下同じ。）、義務教育学校又は中等教育学校等（法第三条第一項第二号の二に規定する中等教育学校等をいう。以下同じ。）にあつては、次の各号に掲げる区分に応じ、当該各号に定める面積とする。

一　特別支援学級を置かない小学校、中学校又は中等教育学校等　当該学校（中等教育学校の前期課程を含む。以下同じ。）の学級数に応じ、次の表に掲げる算式により計算した面積（多目的教室を設ける小学校にあつては当該面積に一・一〇八（多目的教室のほかに少人数授業用教室を設ける場合及び多目的教室の全部又は一部が少数の児童又は生徒により構成される集団を単位として行う授業のための可動式間仕切りその他の設備を有するものである場合（以下この項において「少人数授業用教室等を設ける場合」という。）には、一・一八〇）を、多目的教室を設ける中学校又は中等教育学校等にあつては当該面積に一・〇八五（少人数授業用教室等を設ける場合には、一・一〇五）を乗じて得た面積）

（表略）

二　特別支援学級を置く小学校、中学校又は中等教育学校等　当該学校の学級数から特別支援学級の数を控除

教育と一貫した教育を施すものを除く。以下同じ。）又は中等教育学校等（法第三条第一項第二号の二に規定する中等教育学校等をいう。以下同じ。）にあつては、次の各号の区分に応じ、当該各号に掲げる面積とする。

一　特別支援学級を置かない小学校、中学校又は中等教育学校等　当該学校（中等教育学校の前期課程を含む。以下同じ。）の学級数に応じ、次の表に掲げる算式により計算した面積（多目的教室を設ける小学校にあつては当該面積に一・一〇八（多目的教室のほかに少人数授業用教室を設ける場合及び多目的教室の全部又は一部が少数の児童又は生徒により構成される集団を単位として行う授業のための可動式間仕切りその他の設備を有するものである場合（以下この項において「少人数授業用教室等を設ける場合」という。）には、一・一八〇）を、多目的教室を設ける中学校又は中等教育学校等にあつては当該面積に一・〇八五（少人数授業用教室等を設ける場合には、一・一〇五）を乗じて得た面積）

（表略）

二　特別支援学級を置く小学校、中学校又は中等教育学校等　当該学校の学級数から特別支援学級の数を控除

した学級数に応じ、前号の規定の例により計算した面積に、一六八平方メートルに当該学校の特別支援学級の数を乗じて得た面積（多目的教室を設ける小学校にあつては当該面積に一・一〇八（少人数授業用教室等を設ける場合には、一・一八〇）を、多目的教室を設ける中学校又は中等教育学校等にあつては当該面積に一・〇八五（少人数授業用教室等を設ける場合には、一・一〇五）を乗じて得た面積）を加えた面積

三　義務教育学校　当該義務教育学校の前期課程を小学校と、当該義務教育学校の後期課程を中学校とそれぞれみなして前二号の規定の例により計算した面積を合計した面積

2　（略）

3　法第六条第一項前段の屋内運動場に係る政令で定める面積は、小学校、中学校、中等教育学校等又は特別支援学校にあつては、当該学校の学級数に応じ、次の表に掲げる面積とする。ただし、当該学校が視覚障害者、聴覚障害者、知的障害者又は病弱者である児童等及び肢体不自由者である児童等に対する教育を行う特別支援学校である場合には、文部科学大臣が財務大臣と協議して定める面積とする。

（表略）

した学級数に応じ、前号の規定の例により計算した面積に、一六八平方メートルに当該学校の特別支援学級の数を乗じて得た面積（多目的教室を設ける小学校にあつては当該面積に一・一〇八（少人数授業用教室等を設ける場合には、一・一八〇）を、多目的教室を設ける中学校又は中等教育学校等にあつては当該面積に一・〇八五（少人数授業用教室等を設ける場合には、一・一〇五）を乗じて得た面積）を加えた面積

（新設）

2　（略）

3　法第六条第一項前段の屋内運動場に係る政令で定める面積は、当該学校の学級数に応じ、次の表に掲げる面積とする。ただし、当該学校が視覚障害者、聴覚障害者、知的障害者又は病弱者である児童等及び肢体不自由者である児童等に対する教育を行う特別支援学校である場合には、文部科学大臣が財務大臣と協議して定める面積とする。

（表略）

4　法第六条第一項前段の屋内運動場に係る政令で定める面積は、義務教育学校にあつては、当該義務教育学校の前期課程を小学校と、当該義務教育学校の後期課程を中学校とそれぞれみなして前項の規定の例により計算した面積を合計した面積とする。	（新設）
5　法第六条第一項後段の規定に基づき当該学校の所在地の積雪寒冷度に応じて行うべき補正は、一級積雪寒冷地域又は二級積雪寒冷地域にある学校の校舎又は屋内運動場について、文部科学大臣が財務大臣と協議して定める面積を加えて行うものとする。	4　法第六条第一項後段の規定に基づき当該学校の所在地の積雪寒冷度に応じて行なうべき補正は、一級積雪寒冷地域又は二級積雪寒冷地域にある学校の校舎又は屋内運動場について、文部科学大臣が財務大臣と協議して定める面積を加えて行なうものとする。
6　（略）	5　（略）
（児童生徒一人当たりの基準面積）	（児童生徒一人当たりの基準面積）
第八条　（略）	第八条　（略）
2・3　（略）	2・3　（略）
4　法第六条第二項の規定に基づき当該学校の所在地の積雪寒冷度に応じて行うべき補正については、前条第五項及び第六項の規定を準用する。	4　法第六条第二項の規定に基づき当該学校の所在地の積雪寒冷度に応じて行うべき補正については、前条第四項及び第五項の規定を準用する。

5　学校教育法等の一部を改正する法律の施行に伴う文部科学省関係省令の整備に関する省令　新旧対照表（抄）

○学校教育法施行規則（昭和二二年文部省令第一一号）

（傍線部分は改正部分）

改正後	改正前
目次 第一章　総則 第一節　設置廃止等（第一条―第十九条） 第二節　校長、副校長及び教頭の資格（第二十条―第二十三条） 第三節　管理（第二十四条―第二十八条） 第二章　義務教育（第二十九条―第三十五条） 第三章　幼稚園（第三十六条―第三十九条） 第四章　小学校 第一節　設備編制（第四十条―第四十九条） 第二節　教育課程（第五十条―第五十八条） 第三節　学年及び授業日（第五十九条―第六十三条） 第四節　職員（第六十四条・第六十五条） 第五節　学校評価（第六十六条―第六十八条） 第五章　中学校（第六十九条―第七十九条） 第五章の二　義務教育学校並びに中学校併設型小学校及び小学校併設型中学校 第一節　義務教育学校（第七十九条の二―第七十九条の	目次 第一章　総則 第一節　設置廃止等（第一条―第十九条） 第二節　校長、副校長及び教頭の資格（第二十条―第二十三条） 第三節　管理（第二十四条―第二十八条） 第二章　義務教育（第二十九条―第三十五条） 第三章　幼稚園（第三十六条―第三十九条） 第四章　小学校 第一節　設備編制（第四十条―第四十九条） 第二節　教育課程（第五十条―第五十八条） 第三節　学年及び授業日（第五十九条―第六十三条） 第四節　職員（第六十四条・第六十五条） 第五節　学校評価（第六十六条―第六十八条） 第五章　中学校（第六十九条―第七十九条）

八）	
第二節　中学校併設型小学校及び小学校併設型中学校（第七十九条の九―第七十九条の十二）	
第六章　高等学校	第六章　高等学校
第一節　設備、編制、学科及び教育課程（第八十条―第八十九条）	第一節　設備、編制、学科及び教育課程（第八十条―第八十九条）
第二節　入学、退学、転学、留学、休学及び卒業等（第九十条―第百条）	第二節　入学、退学、転学、留学、休学及び卒業等（第九十条―第百条）
第三節　定時制の課程及び通信制の課程並びに学年による教育課程の区分を設けない場合その他（第百一条―第百四条）	第三節　定時制の課程及び通信制の課程並びに学年による教育課程の区分を設けない場合その他（第百一条―第百四条）
第七章　中等教育学校並びに併設型中学校及び併設型高等学校	第七章　中等教育学校並びに併設型中学校及び併設型高等学校
第一節　中等教育学校（第百五条―第百十三条）	第一節　中等教育学校（第百五条―第百十三条）
第二節　併設型中学校及び併設型高等学校（第百十四条―第百十七条）	第二節　併設型中学校及び併設型高等学校の教育課程及び入学（第百十四条―第百十七条）
第八章　特別支援教育（第百十八条―第百四十一条）	第八章　特別支援教育（第百十八条―第百四十一条）
第九章　大学	第九章　大学
第一節　設備、編制、学部及び学科（第百四十二条―第百四十三条の三）	第一節　設備、編制、学部及び学科（第百四十二条―第百四十三条の三）
第二節　入学及び卒業等（第百四十四条―百六十三条）	第二節　入学及び卒業等（第百四十四条―百六十三条）
第三節　履修証明書が交付される特別の課程（第百六十	第三節　履修証明書が交付される特別の課程（第百六十

四条）	四条）
第四節　認証評価その他（第百六十五条―第百七十三条）	第四節　認証評価その他（第百六十五条―第百七十三条）
第十章　高等専門学校（第百七十四条―第百七十九条）	第十章　高等専門学校（第百七十四条―第百七十九条）
第十一章　専修学校（第百八十条―第百八十九条）	第十一章　専修学校（第百八十条―第百八十九条）
第十二章　雑則（第百九十条・第百九十一条）	第十二章　雑則（第百九十条・第百九十一条）
附則	附則
第一章　総則	第一章　総則
第三条　学校の設置についての認可の申請又は届出は、それぞれ認可申請書又は届出書に、次の事項（市（特別区を含む。以下同じ。）町村立の小学校、中学校及び義務教育学校については、第四号及び第五号の事項を除く。）を記載した書類及び校地、校舎その他直接保育又は教育の用に供する土地及び建物（以下「校地校舎等」という。）の図面を添えてしなければならない。	第三条　学校の設置についての認可の申請又は届出は、それぞれ認可申請書又は届出書に、次の事項（市（特別区を含む。以下同じ。）町村立の小学校及び中学校については、第四号及び第五号の事項を除く。）を記載した書類及び校地、校舎その他直接保育又は教育の用に供する土地及び建物（以下「校地校舎等」という。）の図面を添えてしなければならない。
一～六（略）	一～六（略）
第七条　分校（私立学校の分校を含む。第十五条において同じ。）の設置についての認可の申請又は届出は、それぞれ認可申請書又は届出書に、次の事項（市町村立の小学校、中学校及び義務教育学校については、第四号及び	第七条　分校（私立学校の分校を含む。第十五条において同じ。）の設置についての認可の申請又は届出は、それぞれ認可申請書又は届出書に、次の事項（市町村立の小学校及び中学校については、第四号及び第五号の事項を

第五号の事項を除く。）を記載した書類及び校地校舎等の図面を添えてしなければならない。

一～六（略）

第十四条　学校の設置者の変更についての認可の申請又は届出は、それぞれ認可申請書又は届出書に、当該設置者の変更に関係する地方公共団体（公立大学法人（地方独立行政法人法（平成十五年法律第百十八号）第六十八条第一項に規定する公立大学法人をいう。以下同じ。）を含む。以下この条において同じ。）又は学校法人（私立の幼稚園を設置する学校法人以外の法人及び私人を含む。）が連署して、変更前及び変更後の第三条第一号から第五号まで（小学校、中学校又は義務教育学校の設置者の変更の場合において、新たに設置者となろうとする者が市町村であるときは、第四号及び第五号を除く。）の事項並びに変更の事由及び時期を記載した書類を添えてしなければならない。ただし、新たに設置者となろうとする者が成立前の地方公共団体である場合においては、当該成立前の地方公共団体の連署を要しない。

第二十六条（略）

②（略）

除く。）を記載した書類及び校地校舎等の図面を添えてしなければならない。

一～六（略）

第十四条　学校の設置者の変更についての認可の申請又は届出は、それぞれ認可申請書又は届出書に、当該設置者の変更に関係する地方公共団体（公立大学法人（地方独立行政法人法（平成十五年法律第百十八号）第六十八条第一項に規定する公立大学法人をいう。以下同じ。）を含む。以下この条において同じ。）又は学校法人（私立の幼稚園を設置する学校法人以外の法人及び私人を含む。）が連署して、変更前及び変更後の第三条第一号から第五号まで（小学校又は中学校の設置者の変更の場合において、新たに設置者となろうとする者が市町村であるときは、第四号及び第五号を除く。）の事項並びに変更の事由及び時期を記載した書類を添えてしなければならない。ただし、新たに設置者となろうとする者が成立前の地方公共団体である場合においては、当該成立前の地方公共団体の連署を要しない。

第二十六条（略）

②（略）

③　前項の退学は、公立の小学校、中学校（学校教育法第七十一条の規定により高等学校における教育と一貫した教育を施すもの（以下「併設型中学校」という。）を除く。）、義務教育学校又は特別支援学校に在学する学齢児童又は学齢生徒を除き、次の各号のいずれかに該当する児童等に対して行うことができる。

一～四（略）

④・⑤（略）

第二章　義務教育

第三十条　学校教育法施行令第一条第一項の学齢簿に記載（同条第三項の規定により磁気ディスクをもつて調製する学齢簿にあつては、記録。以下同じ。）をすべき事項は、次の各号に掲げる区分に応じ、当該各号に掲げる事項とする。

一・二（略）

三　就学する学校に関する事項

イ　当該市町村の設置する小学校、中学校（併設型中学校を除く。）又は義務教育学校に就学する者について、当該学校の名称並びに当該学校に係る入学、転学及び卒業の年月日

---

③　前項の退学は、公立の小学校、中学校（学校教育法第七十一条の規定により高等学校における教育と一貫した教育を施すもの（以下「併設型中学校」という。）を除く。）又は特別支援学校に在学する学齢児童又は学齢生徒を除き、次の各号のいずれかに該当する児童等に対して行うことができる。

一～四（略）

④・⑤（略）

第二章　義務教育

第三十条　学校教育法施行令第一条第一項の学齢簿に記載（同条第三項の規定により磁気ディスクをもつて調製する学齢簿にあつては、記録。以下同じ。）をすべき事項は、次の各号に掲げる区分に応じ、当該各号に掲げる事項とする。

一・二（略）

三　就学する学校に関する事項

イ　当該市町村の設置する小学校又は中学校（併設型中学校を除く。）に就学する者について、当該学校の名称並びに当該学校に係る入学、転学及び卒業の年月日

ロ　学校教育法施行令第九条に定める手続により当該市町村の設置する小学校、中学校（併設型中学校を除く。）又は義務教育学校以外の小学校、中学校、義務教育学校又は中等教育学校に就学する者について、当該学校及びその設置者の名称並びに当該学校に係る入学、転学、退学及び卒業の年月日

ハ（略）

四～六（略）

2（略）

第三十二条　市町村の教育委員会は、学校教育法施行令第五条第二項（同令第六条において準用する場合を含む。次項において同じ。）の規定により就学予定者の就学すべき小学校、中学校又は義務教育学校（次項において「就学校」という。）を指定する場合には、あらかじめ、その保護者の意見を聴取することができる。この場合においては、意見の聴取の手続に関し必要な事項を定め、公表するものとする。

2（略）

第三十三条　市町村の教育委員会は、学校教育法施行令第八条の規定により、その指定した小学校、中学校又は義

ロ　学校教育法施行令第九条に定める手続きにより当該市町村の設置する小学校又は中学校（併設型中学校を除く。）以外の小学校、中学校又は中等教育学校に就学する者について、当該学校及びその設置者の名称並びに当該学校に係る入学、転学、退学及び卒業の年月日

ハ（略）

四～六（略）

2（略）

第三十二条　市町村の教育委員会は、学校教育法施行令第五条第二項（同令第六条において準用する場合を含む。次項において同じ。）の規定により就学予定者の就学すべき小学校又は中学校（次項において「就学校」という。）を指定する場合には、あらかじめ、その保護者の意見を聴取することができる。この場合においては、意見の聴取の手続に関し必要な事項を定め、公表するものとする。

2（略）

第三十三条　市町村の教育委員会は、学校教育法施行令第八条の規定により、その指定した小学校又は中学校を変

務教育学校を変更することができる場合の要件及び手続に関し必要な事項を定め、公表するものとする。

第四章　小学校

第五十一条　小学校（第五十二条の二第二項に規定する中学校連携型小学校及び第七十九条の九第二項に規定する中学校併設型小学校を除く。）の各学年における各教科、道徳、外国語活動、総合的な学習の時間及び特別活動のそれぞれの授業時数並びに各学年におけるこれらの総授業時数は、別表第一に定める授業時数を標準とする。

第五十二条の二　小学校（第七十九条の九第二項に規定する中学校併設型小学校を除く。）においては、中学校における教育との一貫性に配慮した教育を施すため、当該小学校の設置者が当該中学校の設置者との協議に基づき定めるところにより、教育課程を編成することができる。

2　前項の規定により教育課程を編成する小学校（以下「中学校連携型小学校」という。）は、第七十四条の二第一項の規定により教育課程を編成する中学校と連携し、その教育課程を実施するものとする。

更することができる場合の要件及び手続に関し必要な事項を定め、公表するものとする。

第四章　小学校

第五十一条　小学校の各学年における各教科、道徳、外国語活動、総合的な学習の時間及び特別活動のそれぞれの授業時数並びに各学年におけるこれらの総授業時数は、別表第一に定める授業時数を標準とする。

（新設）

第五十二条の三　中学校連携型小学校の各学年における各教科、道徳、外国語活動、総合的な学習の時間及び特別活動のそれぞれの授業時数並びに各学年におけるこれらの総授業時数は、別表第二の二に定める授業時数を標準とする。	（新設）
第五十二条の四　中学校連携型小学校の教育課程については、この章に定めるもののほか、教育課程の基準の特例として文部科学大臣が別に定めるところによるものとする。	（新設）
第五十五条　小学校の教育課程に関し、その改善に資する研究を行うため特に必要があり、かつ、児童の教育上適切な配慮がなされていると文部科学大臣が認める場合においては、文部科学大臣が別に定めるところにより、第五十条第一項、第五十一条（中学校連携型小学校にあつては第五十二条の三、第七十九条の九第二項に規定する中学校併設型小学校にあつては第七十九条の十二において準用する第七十九条の五第一項）又は第五十二条の規定によらないことができる。	第五十五条　小学校の教育課程に関し、その改善に資する研究を行うため特に必要があり、かつ、児童の教育上適切な配慮がなされていると文部科学大臣が認める場合においては、文部科学大臣が別に定めるところにより、第五十条第一項、第五十一条又は第五十二条の規定によらないことができる。
第五十五条の二　文部科学大臣が、小学校において、当該	第五十五条の二　文部科学大臣が、小学校において、当該

小学校又は当該小学校が設置されている地域の実態に照らし、より効果的な教育を実施するため、当該小学校又は当該地域の特色を生かした特別の教育課程を編成して教育を実施する必要があり、かつ、当該特別の教育課程について、教育基本法（平成十八年法律第百二十号）及び学校教育法第三十条第一項の規定等に照らして適切であり、児童の教育上適切な配慮がなされているものとして文部科学大臣が定める基準を満たしていると認める場合においては、文部科学大臣が別に定めるところにより、第五十条第一項、第五十一条（中学校連携型小学校にあつては第五十二条の三、第七十九条の九第二項に規定する中学校併設型小学校にあつては第七十九条の十二において準用する第七十九条の五第一項）又は第五十二条の規定の全部又は一部によらないことができる。

第五十六条　小学校において、学校生活への適応が困難であるため相当の期間小学校を欠席し引き続き欠席すると認められる児童を対象として、その実態に配慮した特別の教育課程を編成して教育を実施する必要があると文部科学大臣が認める場合においては、文部科学大臣が別に定めるところにより、第五十条第一項、第五十一条（中学校連携型小学校にあつては第五十二条の三、第七十九

小学校又は当該小学校が設置されている地域の実態に照らし、より効果的な教育を実施するため、当該小学校又は当該地域の特色を生かした特別の教育課程を編成して教育を実施する必要があり、かつ、当該特別の教育課程について、教育基本法（平成十八年法律第百二十号）及び学校教育法第三十条第一項の規定等に照らして適切であり、児童の教育上適切な配慮がなされているものとして文部科学大臣が定める基準を満たしていると認める場合においては、文部科学大臣が別に定めるところにより、第五十条第一項、第五十一条又は第五十二条の規定の全部又は一部によらないことができる。

第五十六条　小学校において、学校生活への適応が困難であるため相当の期間小学校を欠席し引き続き欠席すると認められる児童を対象として、その実態に配慮した特別の教育課程を編成して教育を実施する必要があると文部科学大臣が認める場合においては、文部科学大臣が別に定めるところにより、第五十条第一項、第五十一条又は第五十二条の規定によらないことができる。

条の九第二項に規定する中学校併設型小学校にあつては第七十九条の十二において準用する第七十九条の五第一項）又は第五十二条の規定によらないことができる。	
第五十六条の二　小学校において、日本語に通じない児童のうち、当該児童の日本語を理解し、使用する能力に応じた特別の指導を行う必要があるものを教育する場合には、文部科学大臣が別に定めるところにより、第五十条第一項、第五十一条（中学校連携型小学校にあつては第五十二条の三、第七十九条の九第二項に規定する中学校併設型小学校にあつては第七十九条の十二において準用する第七十九条の五第一項）及び第五十二条の規定にかかわらず、特別の教育課程によることができる。	第五十六条の二　小学校において、日本語に通じない児童のうち、当該児童の日本語を理解し、使用する能力に応じた特別の指導を行う必要があるものを教育する場合には、文部科学大臣が別に定めるところにより、第五十条第一項、第五十一条及び第五十二条の規定にかかわらず、特別の教育課程によることができる。
第五十六条の三　前条の規定により特別の教育課程による場合においては、校長は、児童が設置者の定めるところにより他の小学校、義務教育学校の前期課程又は特別支援学校の小学部において受けた授業を、当該児童の在学する小学校において受けた当該特別の教育課程に係る授業とみなすことができる。	第五十六条の三　前条の規定により特別の教育課程による場合においては、校長は、児童が設置者の定めるところにより他の小学校又は特別支援学校の小学部において受けた授業を、当該児童の在学する小学校において受けた当該特別の教育課程に係る授業とみなすことができる。
第五章　中学校	第五章　中学校

第七十三条　中学校（併設型中学校、第七十四条の二第二項に規定する小学校連携型中学校、第七十五条第二項に規定する連携型中学校及び第七十九条の九第二項に規定する小学校併設型中学校を除く。）の各学年における各教科、道徳、総合的な学習の時間及び特別活動のそれぞれの授業時数並びに各学年におけるこれらの総授業時数は、別表第二に定める授業時数を標準とする。	第七十三条　中学校（併設型中学校及び第七十五条第二項に規定する連携型中学校を除く。）の各学年における各教科、道徳、総合的な学習の時間及び特別活動のそれぞれの授業時数並びに各学年におけるこれらの総授業時数は、別表第二に定める授業時数を標準とする。
第七十四条の二　中学校（併設型中学校、第七十五条第二項に規定する連携型中学校及び第七十九条の九第二項に規定する小学校併設型中学校を除く。）においては、小学校における教育との一貫性に配慮した教育を施すため、当該中学校の設置者が当該小学校の設置者との協議に基づき定めるところにより、教育課程を編成することができる。 2　前項の規定により教育課程を編成する中学校（以下「小学校連携型中学校」という。）は、中学校連携型小学校と連携し、その教育課程を実施するものとする。	（新設）
第七十四条の三　小学校連携型中学校の各学年における各教科、道徳、総合的な学習の時間及び特別活動のそれぞれの授業時数並びに各学年におけるこれらの総授業時数	（新設）

は、別表第二の三に定める授業時数を標準とする。	
第七十四条の四　小学校連携型中学校の教育課程については、この章に定めるもののほか、教育課程の基準の特例として文部科学大臣が別に定めるところによるものとする。	（新設）
第七十五条　中学校（併設型中学校、小学校連携型中学校及び第七十九条の九第二項に規定する小学校併設型中学校を除く。）においては、高等学校における教育との一貫性に配慮した教育を施すため、当該中学校の設置者が当該高等学校の設置者との協議に基づき定めるところにより、教育課程を編成することができる。	第七十五条　中学校（併設型中学校を除く。）においては、高等学校における教育との一貫性に配慮した教育を施すため、当該中学校の設置者が当該高等学校の設置者との協議に基づき定めるところにより、教育課程を編成することができる。
2　（略）	2　（略）
第七十九条　第四十一条から第四十九条まで、第五十条第二項、第五十四条から第六十八条までの規定は、中学校に準用する。この場合において、第四十二条中「五学級」とあるのは「二学級」と、第五十五条から第五十六条の二までの規定中「第五十条第一項」とあるのは「第七十二条」と、「第五十一条（中学校連携型小学校にあつては第五十二条の三、第七十九条の九第二項に規定する中	第七十九条　第四十一条から第四十九条まで、第五十条第二項、第五十四条から第六十八条までの規定は、中学校に準用する。この場合において、第四十二条中「五学級」とあるのは「二学級」と、第五十五条から第五十六条の二までの規定中「第五十条第一項」とあるのは「第七十二条」と、「第五十一条」とあるのは「第七十三条（併設型中学校にあつては第百十七条において準用する第百

改正後	改正前
学校併設型小学校にあつては第七十九条の十二において準用する第七十九条の五第一項）」とあるのは「第七十三条（併設型中学校にあつては第百十七条において準用する第百七条、小学校連携型中学校にあつては第七十四条の三、連携型中学校にあつては第七十六条、第七十九条の九第二項に規定する小学校併設型中学校にあつては第七十九条の十二において準用する第七十九条の五第二項）」と、「第五十二条」とあるのは「第七十四条」と、第五十五条の二中「第三十条第一項」とあるのは「第四十六条」と、第五十六条の三中「他の小学校、義務教育学校の前期課程又は特別支援学校の小学部」とあるのは「他の中学校、義務教育学校の後期課程、中等教育学校の前期課程又は特別支援学校の中学部」と読み替えるものとする。	七条、連携型中学校にあつては第七十六条）」と、「第五十二条」とあるのは「第七十四条」と、第五十五条の二中「第三十条第一項」とあるのは「第四十六条」と、第五十六条の三中「他の小学校又は特別支援学校の小学部」とあるのは「他の中学校、中等教育学校の前期課程又は特別支援学校の中学部」と読み替えるものとする。
第五章の二　義務教育学校並びに中学校併設型小学校及び小学校併設型中学校	（新設）
第一節　義務教育学校	（新設）
第七十九条の二　義務教育学校の前期課程の設備、編制その他設置に関する事項については、小学校設置基準の規	（新設）

定を準用する。 2　義務教育学校の後期課程の設備、編制その他設置に関する事項については、中学校設置基準の規定を準用する。	
第七十九条の三　義務教育学校の学級数は、十八学級以上二十七学級以下を標準とする。ただし、地域の実態その他により特別の事情のあるときは、この限りでない。	（新設）
第七十九条の四　義務教育学校の分校の学級数は、特別の事情のある場合を除き、八学級以下とし、前条の学級数に算入しないものとする。	（新設）
第七十九条の五　次条第一項において準用する第五十条第一項に規定する義務教育学校の前期課程の各学年における各教科、道徳、外国語活動、総合的な学習の時間及び特別活動のそれぞれの授業時数並びに各学年におけるこれらの総授業時数は、別表第二の二に定める授業時数を標準とする。 2　次条第二項において準用する第七十二条に規定する義務教育学校の後期課程の各学年における各教科、道徳、総合的な学習の時間及び特別活動のそれぞれの授業時数並びに各学年におけるこれらの総授業時数は、別表第二	（新設）

の三に定める授業時数を標準とする。

第七十九条の六　義務教育学校の前期課程の教育課程については、第五十条、第五十二条の規定に基づき文部科学大臣が公示する小学校学習指導要領及び第五十五条から第五十六条の三までの規定を準用する。この場合において、第五十五条から第五十六条までの規定中「第五十条第一項、第五十一条（中学校連携型小学校にあつては第五十二条の三、第七十九条の九第二項に規定する中学校併設型小学校にあつては第七十九条の十二において準用する第七十九条の五第一項）又は第五十二条」とあるのは「第七十九条の五第一項又は第七十九条の六第一項において準用する第五十条第一項若しくは第五十二条の規定に基づき文部科学大臣が公示する小学校学習指導要領」と、第五十五条の二中「第三十条第一項」とあるのは「第四十九条の六第一項」と、第五十六条の二中「第五十条第一項、第五十一条（中学校連携型小学校にあつては第五十二条の三、第七十九条の九第二項に規定する中学校併設型小学校にあつては第七十九条の十二において準用する第七十九条の五第一項）及び第五十二条」とあるのは「第七十九条の五第一項並びに第七十九条の六第一項において準用する第五十条第一項及び第五十二条

（新設）

の規定に基づき文部科学大臣が公示する小学校学習指導要領」と読み替えるものとする。

2　義務教育学校の後期課程の教育課程については、第五十条第二項、第五十五条から第五十六条の三まで及び第七十二条の規定並びに第七十四条の規定に基づき文部科学大臣が公示する中学校学習指導要領の規定を準用する。この場合において、第五十五条から第五十六条までの規定中「第五十条第一項、第五十一条（中学校連携型小学校にあつては第五十二条の三、第七十九条の九第二項に規定する中学校併設型小学校にあつては第七十九条の十二において準用する第七十九条の五第一項）又は第五十二条」とあるのは「第七十九条の五第二項又は第七十九条の六第二項において準用する第七十二条若しくは第七十四条の規定に基づき文部科学大臣が公示する中学校学習指導要領」と、第五十五条の二中「第三十条第一項」とあるのは「第四十九条の六第二項」と、第五十六条の二中「第五十条第一項、第五十一条（中学校連携型小学校にあつては第五十二条の三、第七十九条の九第二項に規定する中学校併設型小学校にあつては第七十九条の十二において準用する第七十九条の五第一項）及び第五十二条」とあるのは「第七十九条の五第二項並びに第七十九条の六第二項において準用する第七十二条及び第

七十四条の規定に基づき文部科学大臣が公示する中学校学習指導要領」と、第五十六条の三中「他の小学校、義務教育学校の前期課程又は特別支援学校の小学部」とあるのは「他の中学校、義務教育学校の後期課程、中等教育学校の前期課程又は特別支援学校の中学部」と読み替えるものとする。	
第七十九条の七　義務教育学校の教育課程については、この章に定めるもののほか、教育課程の基準の特例として文部科学大臣が別に定めるところによるものとする。	（新設）
第七十九条の八　第四十三条から第四十九条まで、第五十三条、第五十四条、第五十七条から第七十一条まで（第六十九条を除く。）及び第七十八条の規定は、義務教育学校に準用する。	（新設）
第二節　中学校併設型小学校及び小学校併設型中学校	（新設）
第七十九条の九　同一の設置者が設置する小学校（中学校連携型小学校を除く。）及び中学校（併設型中学校、小学校連携型中学校及び連携型中学校を除く。）において	（新設）

は、義務教育学校に準じて、小学校における教育と中学校における教育を一貫して施すことができる。 2　前項の規定により中学校における教育と一貫した教育を施す小学校（以下「中学校併設型小学校」という。）及び同項の規定により小学校における教育と一貫した教育を施す中学校（以下「小学校併設型中学校」という。）においては、小学校における教育と中学校における教育を一貫して施すためにふさわしい運営の仕組みを整えるものとする。	
第七十九条の十　中学校併設型小学校の教育課程については、第四章に定めるもののほか、教育課程の基準の特例として文部科学大臣が別に定めるところによるものとする。 2　小学校併設型中学校の教育課程については、第五章に定めるもののほか、教育課程の基準の特例として文部科学大臣が別に定めるところによるものとする。	（新設）
第七十九条の十一　中学校併設型小学校及び小学校併設型中学校においては、小学校における教育と中学校における教育を一貫して施すため、設置者の定めるところにより、教育課程を編成するものとする。	（新設）

第七十九条の十二　第七十九条の五第一項の規定は中学校併設型小学校に、同条第二項の規定は小学校併設型中学校に準用する。	（新設）
第七章　中等教育学校並びに併設型中学校及び併設型高等学校	第七章　中等教育学校並びに併設型中学校及び併設型高等学校
第一節　中等教育学校	第一節　中等教育学校
第百八条　中等教育学校の前期課程の教育課程については、第五十条第二項、第五十五条から第五十六条の三まで及び第七十二条の規定並びに第七十四条の規定に基づき文部科学大臣が公示する中学校学習指導要領の規定を準用する。この場合において、第五十五条から第五十六条までの規定中「第五十条第一項、第五十一条（中学校連携型小学校にあつては第五十二条の三、第七十九条の九第二項に規定する中学校併設型小学校にあつては第七十九条の十二において準用する第七十九条の五第一項）又は第五十二条」とあるのは「第百七条又は第百八条第一項において準用する第七十二条若しくは第七十四条の規定に基づき文部科学大臣が公示する中学校学習指導要領」と、第五十五条の二中「第三十条第一項」とあるのは「第六十七条第一項」と、第五十六条の二中「第五十	第百八条　中等教育学校の前期課程の教育課程については、第五十条第二項、第五十五条から第五十六条の三まで及び第七十二条の規定並びに第七十四条の規定に基づき文部科学大臣が公示する中学校学習指導要領の規定を準用する。この場合において、第五十五条から第五十六条までの規定中「第五十条第一項、第五十一条又は第五十二条」とあるのは「第百七条又は第百八条第一項において準用する第七十二条若しくは第七十四条の規定に基づき文部科学大臣が公示する中学校学習指導要領」と、第五十五条の二中「第三十条第一項」とあるのは「第六十七条第一項」と、第五十六条の二中「第五十条第一項、第五十一条及び第五十二条」とあるのは「第百七条並びに第百八条第一項において準用する第七十二条及び第七十四条の規定に基づき文部科学大臣が公示する中学校学

条第一項、第五十一条（中学校連携型小学校にあつては第五十二条の三、第七十九条の九第二項に規定する中学校併設型小学校にあつては第七十九条の十二において準用する第七十九条の五第一項）及び第五十二条」とあるのは「第百七条並びに第百八条第一項において準用する第七十二条及び第七十四条の規定に基づき文部科学大臣が公示する中学校学習指導要領」と、第五十六条の三中「他の小学校、義務教育学校の前期課程又は特別支援学校の小学部」とあるのは「他の中学校、義務教育学校の後期課程、中等教育学校の前期課程又は特別支援学校の中学部」と読み替えるものとする。

2（略）

第二節　併設型中学校及び併設型高等学校

第八章　特別支援教育

第百三十二条の四　前条の規定により特別の教育課程による場合においては、校長は、児童又は生徒が設置者の定めるところにより他の小学校、中学校、義務教育学校、中等教育学校の前期課程又は特別支援学校の小学部若しくは中学部において受けた授業を、当該児童又は生徒の

習指導要領」と、第五十六条の三中「他の小学校又は特別支援学校の小学部」とあるのは「他の中学校、中等教育学校の前期課程又は特別支援学校の中学部」と読み替えるものとする。

2（略）

第二節　併設型中学校及び併設型高等学校の教育課程及び入学

第八章　特別支援教育

第百三十二条の四　前条の規定により特別の教育課程による場合においては、校長は、児童又は生徒が設置者の定めるところにより他の小学校、中学校、中等教育学校の前期課程又は特別支援学校の小学部若しくは中学部において受けた授業を、当該児童又は生徒の在学する特別支

在学する特別支援学校の小学部又は中学部において受けた当該特別の教育課程に係る授業とみなすことができる。

第百三十六条　小学校、中学校若しくは義務教育学校又は中等教育学校の前期課程における特別支援学級の一学級の児童又は生徒の数は、法令に特別の定めのある場合を除き、十五人以下を標準とする。

第百三十八条　小学校、中学校若しくは義務教育学校又は中等教育学校の前期課程における特別支援学級に係る教育課程については、特に必要がある場合は、第五十条第一項（第七十九条の六第一項において準用する場合を含む。）、第五十一条、第五十二条（第七十九条の六第一項において準用する場合を含む。）、第五十二条の三、第七十二条（第七十九条の六第二項及び第百八条第一項において準用する場合を含む。）、第七十三条、第七十四条（第七十九条の六第二項及び第百八条第一項において準用する場合を含む。）、第七十四条の三、第七十六条、第七十九条の五（第七十九条の十二において準用する場合を含む。）及び第百七条（第百十七条において準用する場合を含む。）の規定にかかわらず、特別の教育課程による

援学校の小学部又は中学部において受けた当該特別の教育課程に係る授業とみなすことができる。

第百三十六条　小学校若しくは中学校又は中等教育学校の前期課程における特別支援学級の一学級の児童又は生徒の数は、法令に特別の定めのある場合を除き、十五人以下を標準とする。

第百三十八条　小学校若しくは中学校又は中等教育学校の前期課程における特別支援学級に係る教育課程については、特に必要がある場合は、第五十条第一項、第五十一条及び第五十二条の規定並びに第七十二条から第七十四条までの規定にかかわらず、特別の教育課程によることができる。

ことができる。	
第百四十条　小学校、中学校若しくは義務教育学校又は中等教育学校の前期課程において、次の各号のいずれかに該当する児童又は生徒（特別支援学級の児童及び生徒を除く。）のうち当該障害に応じた特別の指導を行う必要があるものを教育する場合には、文部科学大臣が別に定めるところにより、第五十条第一項（第七十九条の六第一項において準用する場合を含む。）、第五十一条、第五十二条（第七十九条の六第一項において準用する場合を含む。）、第五十二条の三、第七十二条（第七十九条の六第二項及び第百八条第一項において準用する場合を含む。）、第七十三条、第七十四条（第七十九条の六第二項及び第百八条第一項において準用する場合を含む。）、第七十四条の三、第七十六条、第七十九条の五（第七十九条の十二において準用する場合を含む。）及び第百七条（第百十七条において準用する場合を含む。）の規定にかかわらず、特別の教育課程によることができる。	第百四十条　小学校若しくは中学校又は中等教育学校の前期課程において、次の各号のいずれかに該当する児童又は生徒（特別支援学級の児童及び生徒を除く。）のうち当該障害に応じた特別の指導を行う必要があるものを教育する場合には、文部科学大臣が別に定めるところにより、第五十条第一項、第五十一条及び第五十二条の規定並びに第七十二条から第七十四条までの規定にかかわらず、特別の教育課程によることができる。
一～八　（略）	一～八　（略）
第百四十一条　前条の規定により特別の教育課程による場合においては、校長は、児童又は生徒が、当該小学校、	第百四十一条　前条の規定により特別の教育課程による場合においては、校長は、児童又は生徒が、当該小学校、

中学校、義務教育学校又は中等教育学校の設置者の定めるところにより他の小学校、中学校、義務教育学校、中等教育学校の前期課程又は特別支援学校の小学部若しくは中学部において受けた授業を、当該小学校、中学校若しくは義務教育学校又は中等教育学校の前期課程において受けた当該特別の教育課程に係る授業とみなすことができる。

別表第一

（表略）

備考

一・二（略）

三　第五十条第二項の場合において、道徳のほかに宗教を加えるときは、宗教の授業時数をもつてこの表の道徳の授業時数の一部に代えることができる。（別表第二から別表第二の三まで及び別表第四の場合においても同様とする。）

別表第二

（表略）

中学校又は中等教育学校の設置者の定めるところにより他の小学校、中学校、中等教育学校の前期課程又は特別支援学校の小学部若しくは中学部において受けた授業を、当該小学校若しくは中学校又は中等教育学校の前期課程において受けた当該特別の教育課程に係る授業とみなすことができる。

別表第一

（表略）

備考

一・二（略）

三　第五十条第二項の場合において、道徳のほかに宗教を加えるときは、宗教の授業時数をもつてこの表の道徳の授業時数の一部に代えることができる。（別表第二及び別表第四の場合においても同様とする。）

別表第二

（表略）

別表第二の二（第五十二条の三、第七十九条の五第一項、第七十九条の十二関係）

区分		第一学年	第二学年	第三学年	第四学年	第五学年	第六学年
各教科の授業時数	国語	三〇六	三一五	二四五	二四五	一七五	一七五
	社会			七〇	九〇	一〇〇	一〇五
	算数	一三六	一七五	一七五	一七五	一七五	一七五
	理科			九〇	一〇五	一〇五	一〇五
	生活	一〇二	一〇五				
	音楽	六八	七〇	六〇	六〇	五〇	五〇
	図画工作	六八	七〇	六〇	六〇	五〇	五〇
	家庭					六〇	五五
	体育	一〇二	一〇五	一〇五	一〇五	九〇	九〇
道徳の授業時数		三四	三五	三五	三五	三五	三五
外国語活動の授業時数						三五	三五
総合的な学習の時間の授業時数				七〇	七〇	七〇	七〇
特別活動の授業時数		三四	三五	三五	三五	三五	三五
総授業時数		八五〇	九一〇	九四五	九八〇	九八〇	九八〇

備考

一　この表の授業時数の一単位時間は、四十五分とする。

（新設）

二　特別活動の授業時数は、小学校学習指導要領（第七十九条の六第一項において準用する場合を含む。）で定める学級活動（学校給食に係るものを除く。）に充てるものとする。

三　各学年においては、各教科、道徳、外国語活動、総合的な学習の時間及び特別活動の授業時数から、文部科学大臣が別に定めるところにより義務教育学校、中学校連携型小学校及び小学校連携型中学校並びに中学校併設型小学校及び小学校併設型中学校の教育課程を編成するために特に必要な教科等（別表第二の三において「小中一貫教科等」という。）の授業時数に充てることができる。

別表第二の三（第七十四条の三、第七十九条の五第二項、第七十九条の十二関係）

区分	第七学年	第八学年	第九学年	
国語	一四〇	一四〇	一〇五	
社会	一〇五	一〇五	一四〇	
数学	一四〇	一〇五	一四〇	
理科	一〇五	一四〇	一四〇	

（新設）

各教科の授業時数	音楽	四五	三五	三五	
	美術	四五	三五	三五	
	保健体育	一〇五	一〇五	一〇五	
	技術・家庭	七〇	七〇	三五	
	外国語	一四〇	一四〇	一四〇	
道徳の授業時数		三五	三五	三五	
総合的な学習の時間の授業時数		五〇	七〇	七〇	
特別活動の授業時数		三五	三五	三五	
総授業時数		一〇一五	一〇一五	一〇一五	

備考

一　この表の授業時数の一単位時間は、五十分とする。

二　特別活動の授業時数は、中学校学習指導要領（第七十九条の六第二項において準用する場合を含む。）で定める学級活動（学校給食に係るものを除く。）に充てるものとする。

改正後	改正前
三　各学年においては、各教科、道徳、総合的な学習の時間及び特別活動の授業時数から、文部科学大臣が別に定めるところにより小中一貫教科等の授業時数に充てることができる。	

○義務教育諸学校等の施設費の国庫負担等に関する法律施行規則（昭和三三年文部省令第二一号）（傍線部分は改正部分）

改正後	改正前
（予定学級数の算定方法） 第一条　義務教育諸学校等の施設費の国庫負担等に関する法律（昭和三十三年法律第八十一号。以下「法」という。）第二条第三項ただし書の規定により文部科学大臣が定める学級の数の算定方法は、法第五条第一項の規定により工事費を算定する場合にあつては、同項に規定する文部科学大臣が定める日における当該学校の各学年ごとの児童又は生徒の数を、それぞれ四十（小学校及び義務教育学校の第一学年にあつては三十五）で除して得た数（一未満の端数を生じた場合は、一に切り上げるものとする。）の合計数に、新築又は増築を行う年度の五月一日における特別支援学級の数を加える方法とする。この場合において、当該各学年ごとの児童又は生徒の数は、第	（予定学級数の算定方法） 第一条　義務教育諸学校等の施設費の国庫負担等に関する法律（昭和三十三年法律第八十一号。以下「法」という。）第二条第三項ただし書の規定により文部科学大臣が定める学級の数の算定方法は、法第五条第一項の規定により工事費を算定する場合にあつては、同項に規定する文部科学大臣が定める日における当該学校の各学年ごとの児童又は生徒の数を、それぞれ四十（小学校の第一学年にあつては三十五）で除して得た数（一未満の端数を生じた場合は、一に切り上げるものとする。）の合計数に、新築又は増築を行なう年度の五月一日における特別支援学級の数を加える方法とする。この場合において、当該各学年ごとの児童又は生徒の数は、第一号又は第二号に

一号又は第二号に掲げる数と第三号に掲げる数を合計した数とする。

一　新築又は増築を行う年度から学級数を算定する日の属する年度の前年度までの各年度において当該学校を卒業することとなる児童又は生徒の属する学年以外の学年の新築又は増築を行う年度の五月一日における当該学校の各学年ごとの児童又は生徒の数（特別支援学級に編制されている児童又は生徒の数を除く。）

二　新築又は増築を行う年度の五月一日において現に当該学校の通学区域に在住する者で、新築又は増築を行う年度の翌年度から学級数を算定する日の属する年度までの各年度において当該学校の第一学年に入学する予定のものの数

三（略）

2　前項第三号に掲げる各学年ごとの児童又は生徒の数は、新築又は増築を行う年度の五月二日から学級数を算定する日までの間に当該学校の通学区域内における住宅の建設に伴い当該住宅に入居する予定の戸数に相当する数に、小学校にあつては〇・四五を乗じて得た数を六で、中学校にあつては〇・二二を乗じて得た数を三で、義務教育学校にあつては〇・六七を乗じて得た数を九で、それぞれ除して算定するものとする。ただし、この算定に

掲げる数と第三号に掲げる数を合計した数とする。

一　新築又は増築を行なう年度から学級数を算定する日の属する年度の前年度までの各年度において当該学校を卒業することとなる児童又は生徒の属する学年以外の学年の新築又は増築を行なう年度の五月一日における当該学校の各学年ごとの児童又は生徒の数（特別支援学級に編制されている児童又は生徒の数を除く。）

二　新築又は増築を行なう年度の五月一日において現に当該学校の通学区域に在住する者で、新築又は増築を行なう年度の翌年度から学級数を算定する日の属する年度までの各年度において当該学校の第一学年に入学する予定のものの数

三（略）

2　前項第三号に掲げる各学年ごとの児童又は生徒の数は、新築又は増築を行なう年度の五月二日から学級数を算定する日までの間に当該学校の通学区域内における住宅の建設に伴い当該住宅に入居する予定の戸数に相当する数に、小学校にあつては〇・四五を乗じて得た数を六で、中学校にあつては〇・二二を乗じて得た数を三で、それぞれ除して算定するものとする。ただし、この算定によることが著しく不適当と認められる場合において

よることが著しく不適当と認められる場合においては、文部科学大臣が別に定めるところにより算定するものとする。

3　法第二条第三項ただし書の規定により文部科学大臣が定める学級の数の算定方法は、法第五条第二項の規定により工事費を算定する場合にあつては、同項第一号に規定する日における当該学校の各学年ごとの児童又は生徒の数を、それぞれ四十（小学校及び義務教育学校の第一学年にあつては三十五）で除して得た数（一未満の端数を生じた場合は、一に切り上げるものとする。）の合計数に、新築又は増築を行う年度の五月一日における特別支援学級の数を加える方法とする。この場合において、当該各学年ごとの児童又は生徒の数は、第一号又は第二号に掲げる数とする。

一　新築又は増築を行う年度から学級数を算定する日の属する年度までの各年度において、統合しようとする学校を卒業することとなる児童又は生徒の属する学年以外の学年の新築又は増築を行う年度の五月一日における当該学校の各学年ごとの児童又は生徒のうち、統合後の学校の児童又は生徒となる予定のものの数（特別支援学級に編制されている児童又は生徒の数を除く。）

は、文部科学大臣が別に定めるところにより算定するものとする。

3　法第二条第三項ただし書の規定により文部科学大臣が定める学級の数の算定方法は、法第五条第二項の規定により工事費を算定する場合にあつては、同項第一号に規定する日における当該学校の各学年ごとの児童又は生徒の数を、それぞれ四十（小学校の第一学年にあつては三十五）で除して得た数（一未満の端数を生じた場合は、一に切り上げるものとする。）の合計数に、新築又は増築を行なう年度の五月一日における特別支援学級の数を加える方法とする。この場合において、当該各学年ごとの児童又は生徒の数は、第一号又は第二号に掲げる数とする。

一　新築又は増築を行なう年度から学級数を算定する日の属する年度までの各年度において、統合しようとする学校を卒業することとなる児童又は生徒の属する学年以外の学年の新築又は増築を行なう年度の五月一日における当該学校の各学年ごとの児童又は生徒のうち、統合後の学校の児童又は生徒となる予定のものの数（特別支援学級に編制されている児童又は生徒の数を除く。）

二　新築又は増築を行う年度の五月一日において現に統合後の学校の通学区域となる予定の区域に在住する者で、当該年度から学級数を算定する日の属する年度までの各年度において新たに学齢児童又は学齢生徒となる予定のものの数
二　新築又は増築を行なう年度の五月一日において現に統合後の学校の通学区域となる予定の区域に在住する者で、当該年度から学級数を算定する日の属する年度までの各年度において新たに学齢児童又は学齢生徒となる予定のものの数

6　中学校連携型小学校及び小学校連携型中学校の教育課程の基準の特例を定める件（平成二八年三月二二日　文部科学省告示第五四号）

学校教育法施行規則（昭和二十二年文部省令第十一号）第五十二条の四、第七十四条の四、別表第二の二備考第三号及び別表第二の三備考第三号の規定に基づき、中学校連携型小学校及び小学校連携型中学校の教育課程の基準の特例を定める件を次のように定める。

1　中学校連携型小学校及び小学校連携型中学校における小中一貫教育（小学校における教育及び中学校における教育を一貫して施す教育をいう。）において特色ある教育課程を編成することができるよう次のように取り扱うものとする。

一　中学校連携型小学校において、学校教育法施行規則別表第二の二備考第三号の規定により各教科、道徳、外国語活動、総合的な学習の時間及び特別活動（以下「小学校教科等」という。）の授業時数を減ずる場合は、その減ずる時数を当該小学校教科等の内容を代替することのできる内容の小中一貫教科等の授業時数に充てること。

二　小学校連携型中学校において、学校教育法施行規則別表第二の三備考第三号の規定により各教科、道徳、総合的な学習の時間及び特別活動（以下「中学校教科等」という。）の授業時数を減ずる場合は、その減ずる時数を当該中学校教科等の内容を代替することのできる内容の小中一貫教科等の授業時数に充てること。

2　中学校連携型小学校及び小学校連携型中学校における教育課程は、次に掲げる要件を満たして編成するものとする。

一　九年間の計画的かつ継続的な教育を施すものであること。

二　学校教育法施行規則第五十二条及び第七十四条の規定に基づき文部科学大臣が公示する小学校学習指導要領及び中学校学習指導要領において全ての児童又は生徒に履修させる内容として定められている事項（次号において「内容事項」という。）が、中学校連携型小学校及び小学校連携型中学校の教育課程全体を通じて適切に取り扱われていること。

三　内容事項を指導するために必要となる標準的な総授業時数が、中学校連携型小学校及び小学校連携型中学校の教育課程全体を通じて適切に確保されていること。

四　児童又は生徒の発達の段階並びに小学校教科等又は

中学校教科等の特性に応じた内容の系統性及び体系性に配慮がなされていること。

五　保護者の経済的負担への配慮その他の義務教育における機会均等の観点からの適切な配慮がなされていること。

六　前各号に掲げるもののほか、児童又は生徒の転出入に対する配慮等の教育上必要な配慮がなされていること。

附　則

この告示は、平成二十八年四月一日から施行する。

7　義務教育学校並びに中学校併設型小学校及び小学校併設型中学校の教育課程の基準の特例を定める件（平成二八年三月二二日　文部科学省告示第五五号）

学校教育法施行規則（昭和二十二年文部省令第十一号）第七十九条の七、第七十九条の十、別表第二の二備考第三号及び別表第二の三備考第三号の規定に基づき、義務教育学校並びに中学校併設型小学校及び小学校併設型中学校の教育課程の基準の特例を定める件を次のように定める。

1　義務教育学校並びに中学校併設型小学校及び小学校併設型中学校における小中一貫教育（小学校における教育及び中学校における教育を一貫して施す教育をいう。）において特色ある教育課程を編成することができるよう次のように取り扱うものとする。

一　義務教育学校の前期課程又は中学校併設型小学校において、学校教育法施行規則別表第二の二備考第三号の規定により各教科、道徳、外国語活動、総合的な学習の時間及び特別活動（以下「小学校教科等」という。）の授業時数を減ずる場合は、その減ずる時数を当該小学校教科等の内容を代替することのできる内容の小中一貫教科等の授業時数に充てること。

二　義務教育学校の後期課程又は小学校併設型中学校において、学校教育法施行規則別表第二の三備考第三号の規定により各教科、道徳、総合的な学習の時間及び特別活動（以下「中学校教科等」という。）の授業時数を減ずる場合は、その減ずる時数を当該中学校教科等の内容を代替することのできる内容の小中一貫教科等の授業時数に充てること。

三　義務教育学校並びに中学校併設型小学校及び小学校併設型中学校における指導については、次のように取り扱うものとすること。

イ　義務教育学校の前期課程及び中学校併設型小学校と義務教育学校の後期課程及び小学校併設型中学校における指導の内容については、小学校教科等又は中学校教科等の内容のうち相互に関連するものの一部を入れ替えて指導することができること。

ロ　義務教育学校の前期課程及び中学校併設型小学校における指導の内容の一部については、義務教育学校の後期課程及び小学校併設型中学校における指導の内容に移行して指導することができること。

ハ　義務教育学校の後期課程及び小学校併設型中学校における指導の内容の一部については、義務教育学校の前期課程及び中学校併設型小学校における指導の内容に移行して指導することができること。この

場合においては、義務教育学校の後期課程及び小学校併設型中学校において当該移行した指導の内容について再度指導しないことができること。

ニ　義務教育学校の前期課程及び中学校併設型小学校における小学校教科等の内容のうち特定の学年において指導することとされているものの一部については、他の学年における指導の内容に移行して指導することができること。この場合においては、当該特定の学年において、当該移行した指導の内容について再度指導しないことができること。

ホ　義務教育学校の後期課程及び小学校併設型中学校における中学校教科等の内容のうち特定の学年において指導することとされているものの一部については、他の学年における指導の内容に移行して指導することができること。この場合においては、当該特定の学年において、当該移行した指導の内容について再度指導しないことができること。

2　義務教育学校並びに中学校併設型小学校及び小学校併設型中学校における教育課程は、次に掲げる要件を満たして編成するものとする。

一　九年間の計画的かつ継続的な教育を施すものであること。

二　学校教育法施行規則第五十二条及び第七十四条の規定に基づき文部科学大臣が公示する小学校学習指導要領及び中学校学習指導要領において全ての児童又は生徒に履修させる内容として定められている事項（次号において「内容事項」という。）が、義務教育学校並びに中学校併設型小学校及び小学校併設型中学校の教育課程全体を通じて適切に取り扱われていること。

三　内容事項を指導するために必要となる標準的な総授業時数が、義務教育学校並びに中学校併設型小学校及び小学校併設型中学校の教育課程全体を通じて適切に確保されていること。

四　児童又は生徒の発達の段階並びに小学校教科等又は中学校教科等の特性に応じた内容の系統性及び体系性に配慮がなされていること。

五　保護者の経済的負担への配慮その他の義務教育における機会均等の観点からの適切な配慮がなされていること。

六　前各号に掲げるもののほか、児童又は生徒の転出入に対する配慮等の教育上必要な配慮がなされていること。

附　則

この告示は、平成二十八年四月一日から施行する。